Johann Joachim Winckelmann

Sendschreiben von den herkulanischen Entdeckungen

Johann Joachim Winckelmann

Sendschreiben von den herkulanischen Entdeckungen

ISBN/EAN: 9783743457737

Hergestellt in Europa, USA, Kanada, Australien, Japan

Cover: Foto ©ninafisch / pixelio.de

Manufactured and distributed by brebook publishing software (www.brebook.com)

Johann Joachim Winckelmann

Sendschreiben von den herkulanischen Entdeckungen

Johann Winckelmanns
Sendschreiben
von den
Herculanischen Entdeckungen.

An den
Hochgebohrnen Herrn,
Herrn
Heinrich Reichsgrafen von Brühl,

Starosten von Bolymow, Rittern des hierosolymitanischen
Ordens von Maltha,

Sr. Königl. Majest. in Pohlen und Churfürstl. Durchl. zu Sachsen
hochbestallten Cammerherrn ꝛc. ꝛc.

Dreßden 1762,
Verlegts George Conrad Walther,
Königlicher Hof-Buchhändler.

Sendschreiben
von den
herculanischen Entdeckungen.

Hochgebohrner Graf,

Da ich das Vergnügen hatte, Sie auf Ihrer Reise, im Carnevale 1762. von Rom nach Neapel zu begleiten, entschloß ich mich, von den Seltenheiten, welche Sie in dem Königlichen Museo zu Portici sahen, etwas aufzusetzen, um Sie an das merk-

würdigste

würdigste wiederum zu erinnern, und zugleich zum Unterrichte für andere Reisende, die in einem kurzen Aufenthalte daselbst, nicht alles mit völliger Aufmerksamkeit betrachten können.

Ich habe mehr, als andere, so wohl Frembe, als Einheimische, Gelegenheit gehabt, diese Schätze des Alterthums zu untersuchen, da ich auf meiner ersten Reise mich fast zwey Monate in Portici selbst aufgehalten, und vermöge eines ergangenen Königlichen Befehls, mir alles zu zeigen, was zu sehen erlaubt ist, und in der möglichsten Bequemlichkeit dazu, habe ich diesen freyen Zutritt nach Vermögen genutzet, so daß ich ganze Tage in dem Museo zubrachte. Sie wissen, Hochgebohrner Graf, daß während unsers Aufenthalts von drey Wochen in Neapel, nicht leicht ein Tag vorbeygegangen, wo ich nicht in aller Frühe nach Portici gefahren bin. Außerdem verschaffet mir die genaue Freundschaft mit Herrn Camillo Paderni, dem Aufseher dieses Musei, eine hinlängliche Bequemlichkeit, alles nach meinen Wunsche zu betrachten, und ich bin daselbst wie in meinem Eigenthume.

Ich bin versichert, Hochgebohrner Graf, Ihre angebohrne Gütigkeit werde dieses an Sie gerichtete Sendschreiben mit eben dem Wohlgefallen, welches Sie sich dessen Verfasser zu bezeigen würdigten, annehmen. In dieser Zuversicht bin ich über die gewöhnlichen Grenzen eines Sendschreibens hinausgegangen; auch weil ich mir schmeichele, das Publicum, wenn es hier unbekannte und verlangte Nachrichten finden wird, werde Ihnen verbunden seyn, weil Sie Gelegenheit dazu gegeben haben.

In ein umständlich Verzeichniß aber kann ich mich nicht einlassen, sondern begnüge mich, das Merkwürdigste anzuzeigen, und lasse auch von diesem zurück, was ich über die dortigen alten Gemählde und Statuen in meiner Geschichte der Kunst des Alterthums, die izo unter der Presse ist, angebracht habe. Ich werde einigemal ein Werk Herrn Jacob Martorelli, Professors der griechischen Sprache an dem Seminario der Cathedralkirche zu Neapel, unter dem Titel: DE REGIA THECA CALAMARIA anführen. Dieser in der griechischen Sprache gründlich

von den Herculanischen Entdeckungen.

lich gelehrte Mann erhielt die Erlaubniß, über ein altes Dintenfaß von Erzt, in dem Museo zu Portici befindlich, (welches aber nicht in den entdeckten Städten, sondern anderwärts, gefunden ist) zu schreiben. Es sind auf den acht Ecken desselben eben so viel Götter von eingelegter Arbeit in Silber, welche der Verfasser vor Planeten nimmt, und da er diese öffentliche Gelegenheit ergriff, seine ganze Wissenschaft zu zeigen, so öffneten ihm die Götter ein weites Feld, in die Mythologie und in die alte Sternwissenschaft auszuschweifen. Er schüttet zugleich aus, was man über Dinte, Federn, Schreiberey und über Schriften der Alten nur immer sagen kann. Da er aber den Canonicus Mazocchi, einen Mann von mehr als achtzig Jahren, welcher die Zierde der Gelehrsamkeit in Italien ist, heftig, unzeitig und oft auf eine ungeziemende Art tadelt und angreift, wurde die Bekantmachung dieses Werkes, da der letzte Bogen sollte gedruckt werden, untersaget, und es ist auch dem Verfasser auferlegt, es niemanden außer seiner Wohnung zu geben. Mir ist es aber dennoch gelungen, dieses Werk durchzulaufen, und ich werde gelegentlich über dasselbe meine Anmerkungen und Verbesserungen beybringen. Es besteht dasselbe aus 734 Seiten, und der Vorbericht, die Zusätze und drey umständliche Register betragen 88 Seiten, in groß Quart.

Vorläufig werde ich erstlich von den durch den Vesuvius verschütteten Orten, zweyteils von der Verschüttung selbst, zum dritten von der Entdeckung und von der Art derselben reden, und in dem letzten Stücke werde ich über die Entdeckungen selbst meine Bemerkungen mittheilen.

Von den durch den Vesuvius verschütteten Orten, **Herculanum, Pompeji** und **Stabia** ist vorher die Lage derselben anzuzeigen, und besonders in so ferne Vergehungen der Scribenten anzumerken und Verbesserungen zu geben sind; wer mehr zu wissen verlanget, kann es in bekannten Schriften finden.

Herculanum, sagt **Strabo,** lag auf einer Erdzunge, welche sich ins Meer erstreckete, und dem Winde aus Africa (Scirocco) ausgesetzet war: so verstehe ich das Wort ἄκρα, welches hier so wenig, als da, wo es von den drey Spitzen der Insel Sicilien gebraucht wird, ein Vorgebirge bedeuten kann. In dem wahren Verstande dieses Worts haben so wohl alte als neue Scribenten gefehlet, wegen Unwissenheit der Lage der Orte, und **Cluverius** zeiget unter andern diesen Misverstand in alten Dichtern, welche von den drey Sicilianischen Spitzen reden, und dieselbe als Vorgebirge beschreiben. Das Ufer ist bey Reggio in Calabrien so platt, als gegen über in Sicilien, wo Pelorus lag, und die Gebirge erheben sich allererst etliche Meilen weit vom Ufer. Das Wort ἄκρα ist also, was wir ito **Capo** nennen. So heißt **Capo d' Anzo,** wo ehemals das alte **Antium** stand, welches kein Vorgebirge, sondern ein plattes Ufer ist und war. Das Circeische Vorgebirge aber zwischen gedachtem Orte und Terracina, welches ein hoher Felsen ist, heißt nicht **Capo,** sondern **Monte Circello.**

Zu dieser Anmerkung und Erklärung veranlasset mich der Zweifel gedachten Neapelschen Gelehrten über den **Strabo.** Dieser, welcher das Wort ἄκρα in seiner gewöhnlichen Bedeutung eines Vorgebirges nimmt, will den Text des Strabo hier fehlerhaft finden, weil das alte Herculanum auf keinem Vorgebirge kann gelegen seyn, und er nimmt sich die Freyheit, an statt ἄκραν zu setzen μακράν. Er übersetzet also Φρούριον μακρὰν ἔχον, oppidum in ipsa littoris longitudine situm, und nimmt das Wort μακρὰν absolute und substantive, wider allen Gebrauch desselben, und ohne diese Freyheit mit einer einzigen Stelle zu unterstützen; ja er bricht kurz ab, und sagt, daß diese Art zu reden den Anfängern in der Sprache bekannt sey. Ich bin etwas mehr, als ein Anfänger in derselben, kann mich aber dergleichen Gebrauch des Wortes μακρός nicht entsinnen.

Das Ufer, auf welches das alte Herculanum gebauet war, erstreckte sich als eine Erdzunge ins Meer; das ist, es war ein **Capo.** Dieses ist die Meynung des Strabo, und er will von keinem Vorgebirge

von den Herculanischen Entdeckungen.

ge reden. Es zeiget dieses noch itzo der Augenschein: denn **Portici** und **Resina**, welche oben auf der verschütteten Stadt Herculanum gebauet sind, liegen beynahe in gleicher Höhe mit dem Meere, welches ein flaches und sandiges Ufer hat. Folglich kann das alte Herculanum um so viel weniger eine erhabene Lage gehabt haben, sonderlich wenn man bedenket, wie tief diese Stadt unter dem Erdboden ist. Das Theater derselben ist über hundert Palmen tief, und man gelanget in dasselbe auf eben so viel Stufen, welche zur Bequemlichkeit von den Arbeitern gehauen sind. Das Paviment oder der schöne Fußboden, womit das zweyte Zimmer des herculanischen Musei ausgezieret ist, wurde 102 Neapelsche Palmen tief unter der Erde gefunden, und es war dasselbe in einer offenen Loggia auf einer Art von Bastion geleget, welche wiederum 25 Palmen über das Gestade des Meers erhöhet war.

Hieraus folget, daß das Meer sehr viel höher müsse gewachsen seyn; welches dem ersten Anblicke eine seltsame Meynung scheint, hier aber und auch in Holland durch den handgreiflichen Augenschein bestätiget wird. Denn in Holland ist das Meer offenbar höher, als das Land, welches die Nothwendigkeit der Dämme beweiset: es muß aber das Meer ehemals nicht so hoch gewesen seyn, weil diese Provinz zu der Zeit, da dem Meere noch keine Grenzen durch Menschenhände gesetzt waren, nicht hätte können angebauet werden. Dem Einwurfe, welchen jemand machen könnte, daß vielleicht das alte Herculanum im Erdbeben gesunken sey, scheinet die ordentliche Lage der Gebäude zu widersprechen, und es wird damals, als das Unglück diese Stadt betraf, von keinem so heftigen Erdbeben gemeldet, daß es eine ganze Stadt verschlingen können. Und wenn dieses anzunehmen wäre, würde es vor dem Ausbruche des Berges geschehen seyn, und es hätte also die Asche desselben nichts bedecken können: denn das Erdbeben geht nur vor dem Ausbruche vorher, und folget niemals auf denselben.

Von einem hohen Wachsthume und Falle des Meeres finden sich deutliche Beweise an den Säulen im **Foro** des Tempels des Aesculapius,

andere

andere wollen, des Bacchus zu Pozzuolo. Dieses Gebäude liegt auf einer ziemlichen Anhöhe, einige funfzig Schritte vom Meere, muß aber ehemals völlig vom Wasser überschwemmet gewesen seyn: denn die Säulen nicht allein, welche liegen, sondern auch welche noch stehen, sind von einer länglichen Seemuschel durchbohret und durchlöchert. Dieses ist sonderlich an Säulen von dem härtesten Aegyptischen Granite erstaunend zu sehen, welche als ein Sieb durchgearbeitet sind; in vielen Löchern stecken noch die Schalen. Die Muschel heißt Dactylus von δάκτυλος, der Finger, weil sie die Gestalt, die Dicke und Länge desselben hat. Ehe dieselben den Stein haben angreifen können, ist voraus zu setzen, daß diese Säulen geraume Zeit vom Wasser ausgefressen worden, um ihnen einen Weg zu machen, sich hinein zu setzen. Diese Muschel setzet sich, wenn sie ganz jung ist, und ohne Schale, in eine Oeffnung des Steins, bekleidet sich daselbst mit der Schale, und drehet sich mit derselben, durch Hülfe des Wassers, welches die Gänge schlüpfrig macht, unaufhörlich umher, wächst und nimmt zu, und fährt fort zu bohren, und endlich, wenn dieselbe zu ihrer völligen Größe gelanget ist, findet sie den Ausgang für sich mit sammt der Schale zu klein, und muß also in ihrer Wohnung bleiben. In die Löcher von verschiedener Größe kann man einen von den fünf Fingern stecken, und sie sind so glatt ausgebohret, als kaum mit Stahl und Erzt hätte geschehen können. Ferner ist daselbst der mit Marmor gepflasterte Platz vor dem Tempel annoch hier und da voller Triebsand, welchen das Meer hinein geschleppet hat. Itzo und so lange man denken kann, ist dieser Ort, wie ich gesagt habe, weit und erhöhet von dem Meere entfernet; folglich ist das Meer wiederum zurückgefallen. Die Art und Möglichkeit dieser untrüglichen Erfahrung mögen andere untersuchen; ich bleibe bey der bloßen Erzählung und bey der Wahrheit des Augenscheins.

In der Anzeige des Strabo vom Herculano könnte aus dem Worte Φρουρίον, welches itzo ein Fort, oder im Wälschen, Burgo oder ein Castel heißen würde, scheinen, daß dieser Ort sehr klein gewesen, welches

der

von den Herculanischen Entdeckungen.

der glücklichen Entdeckung, die das Gegentheil zeiget, zu widersprechen schiene: eben dieses Wort aber gebrauchet Diodorus von Catana, welches eine bekannte große Stadt war. Einen sicherern Beweis der Größe und der volkreichen Bewohnung des Herculani geben neunhundert Trink- und Speiseorte daselbst, oder Schenken, wie wir es nennen würden, wovon sich eine Pachtankündigung in einer Inschrift erhalten, welche im vierten Stücke dieses Sendschreibens gegeben wird. Diesen Ort nun, welcher bey den mehresten alten Scribenten Herculanum heißt, nennet Petronius Herculis porticum c. 106. und daher kommt der heutige Name Portici.

Den wahren Ort, wo das alte Herculanum gestanden und zu suchen gewesen, hat vor dessen Entdeckung niemand richtig errathen. Der in der Geschichte und in der Landbeschreibung dieser Gegend sehr erfahrne Neapelsche Gelehrte Camillo Pellegrini [1]) setzet es, wo ito Torre del Greco ist, und also zwo Meilen weiter, auf der Straße nach Salerno und Pompeji; er führet eine unbestimmte Sage von Inschriften diese Stadt betreffend an, welche daselbst gefunden seyn sollen, und schließt nur aus hören sagen, daß ihre Lage gewiß und ausgemacht sey.

Es verdienet auch der Name der Stadt Resina einige Anmerkung. Dieser Ort hängt mit Portici zusammen, und das Königliche Schloß macht die Scheidung zwischen beyden, so daß die Gasse gegen Neapel zu, Portici heißt, und was auf der andern Seite liegt, Resina begreift. Einige sind der Meynung, daß der Name Resina von der Villa Retina geblieben sey, von welcher der jüngere Plinius in demjenigen Briefe redet, wo er den Ausbruch des Vesuvius beschreibt, und von seines Vettern Tode Nachricht giebt. Diese Villa aber setzen die mehresten unter dem Vorgebirge Misenum, weil gedachter Brief sagt, daß die Römische Flotte, welche in dem Hafen bey Misenum zu liegen pflegte,

1) Disc. della Campan. Felice, p. 319.

pflegte, an der Villa Retina vor Anker lag, da der Ausbruch kam. Ich aber kann mir keine Villa vorstellen, die unter einem Vorgebirge liegen könne. Gedachte Villa lag unter dem Vesuvius, wie Plinius nicht undeutlich angiebt. Es hätte auch bey Misenum, welches an zwölf Italienische Meilen von dem Vesuvius entfernet ist, die Gefahr auf den Schiffen und die Furcht so groß nicht seyn können, als sie beschrieben wird, da nicht gemeldet ist, daß Neapel, Puteoli, Cuma und Bajá, welche Orte zwischen dem Herculano und Misenum lagen, in diesem betrübten Zufalle gelitten.

Herr Martorelli, welcher auch diesen Punct in seinem Königlichen Dintenfaße (p. 568.) untersuchet, begnüget sich nicht mit der Herleitung des Namens Resina von Retina, und suchet ohne Noth eine Verbesserung zu machen. Er glaubt, man könne und müsse Paetina lesen, das ist, Villa Paetina, welche er an diesem Orte ohnweit Herculanum setzet. Papirius Paetus ein Freund des Cicero, hatte in dieser Gegend eine Villa; dieses ist gewiß aus ein paar Briefen des letzteren¹). Dieser Paetus verlohr seine Güter, weil er von der Parten des Pompejus war, in welchem Verluste vermuthlich dessen Villa mit begriffen gewesen, so daß also, nach gedachten Gelehrtens Meynung diese vom Cäsar eingezogene Villa unter seinen Nachfolgern, wie wir zu reden pflegen, ein Kaiserliches Cammer=Guth geworden, wo nachher und zu der Zeit, von welcher die Rede ist, einige Schiffe von der Misenischen Flotte zu liegen pflegen. Diese Muthmaßung ist so sehr weit eben nicht gesucht; aber sie ist nicht vonnöthen.

Pompeji liegt an der Straße nach Salerno, und der Ort, wo diese Stadt ehemals stand, ist etwa zwölf Milien von Neapel und sieben von Portici; der Weg dahin gehet über Torre dell' Annuntiata. Es irret also Herr Reimarus in seinen Anmerkungen über den Dio Cassius ²)

---

1) Ad Att. L. 14. ep. 16. ep 25.
2) p. 1096.

von den Herculanischen Entdeckungen.

in der Lage von Pompeji, die er zwischen Portici und Torre del Greco angiebt, als welche Orte nur zwo Italienische Meilen von einander entfernet sind; und er vergehet sich von neuem, wenn er eben daselbst saget, daß diese Stadt gelegen, wo itzo Castelamare und Stabia liegen, worinn er vermuthlich andern [1]) gefolget ist. Man kann sich in einer richtigen Charte besser belehren. Lächerlich ist die Herleitung des Namens Pompeji, welchen Martorelli als ganz natürlich aus dem Hebräischen erzwingen will, von פום פיח os favillae [2]) so wie Herculanum von הרה קליא praegnans igne soll benennet seyn. Stabia soll von שטף inundare den Namen haben, und der Vesuvius von בו שביב, ubi ignis, so wie Aetna ein Ofen im Hebräischen heißt, welches Wort [אתונא] oft beym Daniel vorkommt. Viele Gelehrten suchen etwas neues zu sagen, auch mit Nachtheil der Meynung von einem gesunden Urtheile.

Diese Stadt war der gemeinschaftliche Hafen von Nola, Nocera und Acerra, wie Strabo sagt, und die Waaren wurden aus dem Meere auf dem Flusse Sarno hingebracht. Es ist also daraus nicht zu beweisen, wie Pellegrini bemühet ist, daß Pompeji am Meere und an der Mündung dieses Flusses selbst gelegen gewesen: er will es dem Vesuvius zuschreiben, daß die Spuren von derselben itzo mitten im Lande liegen.

Von der Größe der Stadt könnte, auch von den itzigen unterirdischen Entdeckungen, das Capitolium daselbst [3]), welches Ryequius [4]) unter den Städten außer Rom, die dergleichen Gebäude hatten, anzumerken vergessen, und die großen Ueberbleibsel des Amphitheaters daselbst Zeugniß geben. Dieses große ovale Werk liegt auf einem Hügel, und dessen innerer und unterer Umkreis, das ist der Umkreis der Platea, hält drey tausend Neapelsche Palmen. Es hatte vier und zwanzig Reihen Sitze, und man hat den Ueberschlag gemacht, daß dasselbe an dreyßigtausend Menschen fassen können; es war also weit größer, als das Her-

culanische

---

1) Holsten. ad Cluver.
2) p. 566.
3) Vitruv. L. 3. c. 2.
4) de Capit. c. 47.

culanische, wie ich unten darthun werde; es giebt dieses auch der Augenschein. Diese Stadt wurde, wie Seneca berichtet, unter dem Nero fast gänzlich durch ein Erdbeben zu Grunde gerichtet; und es ist jemand daher der Meynung¹), daß dasjenige, was Dio zugleich von diesem und dem Herculanischen Theater meldet, eine Verwechselung der Zeit sey. Dieser Geschichtschreiber, welcher von dem ersten großen und bekannten Ausbruche des Vesuvius unter dem Titus redet, meldet, (wie man insgemein den Sinn seiner Worte versteht,) daß die ungeheure Menge Asche, welche der Berg ausgeworfen, die beyden Städte Herculanum und Pompeji eben zu der Zeit, da das Volk in dem Theater an dem letzten Orte versammlet war, verschüttet und begraben habe. Pellegrini, welcher am angeführten Orte voraus setzet, daß dieser Unfall auch das Amphitheater mit betroffen habe, kann dieses nicht reimen, und glaubet nicht, daß eine verstörete Stadt in so kurzer Zeit von dem Nero an bis auf den Titus ein so großes Theater wiederum habe aufbauen können, welches nach ihm Tillemont²), wie aus beglaubten Nachrichten genommen, vorgiebt. Martorelli, ohne jenen anzuführen, oder dessen Zweifel zu berühren, scheinet eben der Meynung zu seyn; wenigstens schließe ich dieses aus der Verbesserung, welche er in der Erzählung des Dio machen will. Er behauptet, es müßte *) in der unten gesetzten Stelle desselben ταύτης an statt αὐτῆς gesetzet werden, indem alsdenn jenes Wort auf das erste, nämlich auf das Herculanische Theater gienge. Des Pellegrini Meynung ist nicht unwahrscheinlich, und es könnte Dio, welcher unter dem Commodus geschrieben, und also von der Zeit der Begebenheit, welche er erzählet, entfernet war, sich geirret haben: es wäre auch des Martorelli Verbesserung, wenn die Sache erweislich wäre, nach den Regeln der Sprache richtig. Aber ein einziger Zweifel, welchen ich diesem entgegen

---

1) Disc. 2. p. 327.
2) Hist. des Emp. dans Tite.
*) Dio p. 1095. l. 39. edit. Reimar. Καὶ πρoσέτι [τίφρα ἀμύθητος] καὶ πόλεις δύο ὅλας τό, τε Ἡρκουλάνεον καὶ Πομπηΐους ἐν θεάτρῳ τοῦ ὁμίλου αὐτῆς καθημένου κατέχωσε.

von den Herculanischen Entdeckungen.

gegen setze, machet sehr unwahrscheinlich, daß das Theater zu Herculanum überschüttet worden, da es voller Menschen und Zuschauer war. Wie ist es glaublich, sage ich, wenn dieses geschehen wäre, daß in diesem Theater kein einziger todter Körper gefunden worden, welche sich hier, wie zu Stabia, wo man sie gefunden, würden erhalten haben? In dem Herculanischen Theater aber hat sich auch so gar kein Gebein von einem Gerippe gefunden.

Stabia, ehemals Stabiae in der mehrern Zahl genannt, lag noch etwas weiter als Pompeji vom Vesuvius entfernet, aber nicht wo itzo Castelamare ist, wie Cluverius angiebt: denn jene Stadt hätte, nach dem Galenus, nicht dreyßig Stadien vom Meere entfernet seyn können, da dieser Ort nahe am Meere liegt. Stabia lag, wo itzo Gragnano lieget, welches mit den Stadien des Galenus übereinkommt. Es wurde diese Stadt schon von dem Sylla in dem Marsischen Kriege zerstöret, und zu Plinius Zeiten waren nichts als Lusthäuser daselbst.

Noch weiter und gegen Sorrento zu bey Prayano wurden vor fünf Jahren unterirdische Zimmer entdecket; die Arbeit aber ist nicht fortgesetzt, um die Arbeiter nicht zu vermehren, und nachdem der Eingang von neuem vermauret worden, ist die Entdeckung bis auf andere Zeiten verschoben.

Ueber den zweyten Punct, nämlich von der Verschüttung genannter Orte, bin ich nicht gesonnen, die Geschichte derselben aus Nachrichten der alten Scribenten zu erzählen, sondern ich will suchen aus eigenen Bemerkungen einen Begriff davon zu geben.

Es ist nicht die Lava oder der feurige Fluß geschmolzener Steine, welcher unmittelbar die Stadt Herculanum überströmet, sondern der Anfang und die Bedeckung derselben geschah durch die feurige Asche des Berges, und durch ungeheure Regengüsse, welche außer der Asche, mit welcher diese Stadt unmittelbar bedecket wurde, diejenige, welche auf dem Berge gefallen war, mit sich in dieselbe hinein trieben. Die Asche war so glüend heiß, daß sie auch die Balken in den Häusern verbrannte, welche man in Kohlen verwandelt findet, und Korn und Früchte sind ganz schwarz geworden. Die Wassergüsse müssen zu Pompeji und zu Stabia so stark nicht gewesen seyn: denn an beyden Orten findet sich alles wie mit einer leichten Asche angefüllet, und diese leichte Erde wird Papamonte genennet; es konnte auch die Lava nicht bis dahin fließen. Daher haben sich die an den beyden letzten Orten verschütteten Sachen überhaupt besser, als im Herculano, erhalten. Nachdem nun Herculanum durch die Asche bedecket, und durch die Wasser überschwemmet war, brachen die feurigen Ströhme aus, und überflossen diese Stadt ganz gemach durch ihren schweren und langsamen Lauf, und mit diesem Steine ist dieselbe, wie mit einer Rinde bedecket. Eben so war in dem schrecklichen Ausbruche im Jahre 1631, nachdem der Berg an hundert Jahre ruhig gewesen, die Asche mit einem Wolkenbruche begleitet.

Daß die Einwohner Zeit gehabt, sich mit dem Leben zu retten, können wir schließen aus den wenigen todten Körpern, welche gefunden sind: denn weder unter Portici, noch unter Resina, noch zu Pompeji sind davon Spuren gewesen; bloß zu Gragnano oder zu Stabia fand man drey weibliche Körper, von denen die eine die Magd der beyden andern schien, und ein hölzernes Kästchen getragen hatte: dieses lag neben ihr und zerfiel in Asche. Die andern beyden hatten goldene Armbänder und Ohrgehenke, welche Stücke in dem Museo gezeiget werden. Eben daher sind wenig kostbare Geräthe, und nur einzelne goldene Münzen und geschnittene Steine entdecket: denn was einen besondern Werth hatte, wurde vor der Flucht ergriffen, und die Zimmer der mehresten Häuser sind fast völlig ausgeleeret gefunden. In einem Zimmer fand sich auf dem Boden ein eiserner Kasten in die Queer und wie verlohren hingeworfen: die Arbeiter waren voller Freuden, da sie denselben ansichtig wurden, in Hoffnung besondere Dinge zu finden, in welchem Falle ihnen eine Verehrung gegeben wird; sie befanden sich aber betrogen, und der Kasten war ausgeleert. Zu Pompeji hat man die Anzeige von einer eilfertigen Flucht der Einwohner an vielen schweren Geräthen gefunden, welche weit

von den Herculanischen Entdeckungen.

von den Wohnungen ausgegraben worden, und vermuthlich im Flüchten weggeworfen waren.

Diese Entdeckung hat offenbare Beweise von weit ältern Ausbrüchen des Vesuvius gegeben, und die Alten, welche sich nur eine schwache Muthmaßung davon aus den Schlacken an dem Berge bildeten, hätten sich handgreiflich davon überzeugen können. **Strabo** schließet Entzündungen dieses Berges aus dessen Erdreiche, welches aschfarbig war, und aus Höhlen voller Steine von eben der Farbe, als wenn sie gebrannt wären. **Diodorus** getrauet sich nicht mehr zu sagen, als daß sich auf diesem Berge Spuren von alten Entzündungen finden. **Plinius** aber, welcher in dessen Ausbruche sein Leben lassen mußte, sagt an zween Orten, wo er des Vesuvius Meldung thut, kein Wort davon, so daß es scheinet, es sey auch ihm die Natur dieses Berges unbekannt gewesen. Die deutlichen Zeichen von dem, was ich sage, sind erstlich die gebrannte Erde mit Schlacken vermischet, auf welche die ganze Stadt **Pompeji** gebauet ist, und diese Erde heißt itzo Terra di fuoco. Dieses hätte bey jedem Gebäude, welches daselbst vor Alters aufgeführet worden, wenn man den Grund dazu gegraben, Anlaß zu Untersuchungen geben können. Ferner sind die Gassen so wohl um Herculanum als zu Pompeji mit großen Steinen **Lava** gepflastert, welche sich von anderen Kieseln oder harten Steinen, durch eine besondere Vermischung, und durch kleine weiße Flecken in dem gräulich schwärzlichen Grunde der Farbe, unterscheiden, welche Art von Stein den Alten nicht bekannt gewesen seyn muß. Von dem Herculanischen Pflaster hat man einen einzigen Stein hervorgezogen, welcher in dem Museo zu Portici liegt, und zween Palme, drey Zolle, Römisches Maaß, breit ist. Dieses Pflaster von **Lava** in den verschütteten Städten hätte der Herr P. della Torre in seiner Beschreibung des Vesuvius sehr nützlich anführen können, und er würde durch den einzigen aufgehobenen Pflasterstein belehret seyn, daß die heutige **Lava** nicht härter, als die alte sey, wie er *) aus guten Gründen, aber wider die Erfahrung, be-

*) Storia del Vesuv. c. 5. §. 12a. p. 98. und in der franz. Uebersetzung dieses Buchs, p. 252.

behauptet. Noch ein anderes Zeichen älterer Ausbrüche vor den Zeiten des Titus sind Stücke Schlacken, welche sich in den Mauren der Gebäude von Pompeji finden.

Nach der Anzeige der verschütteten Orte und der Verschüttung selbst, ist drittens eine Nachricht von der Entdeckung derselben zu geben, und diese ist in Absicht auf Herculanum eine ältere, und hernach die Entdeckung aller dieser Orte, welche zu unsern Zeiten geschehen ist.

Von einer ältern Entdeckung oder vielmehr Nachsuchung des verschütteten Herculanum haben sich offenbare Spuren beym Nachgraben unter der Erde gefunden, welche auch in der auf Königlichen Befehl gezeichneten Carte von diesen unterirdischen Städten, welche ich das Glück gehabt habe zu sehen, angezeiget sind. Dieses sind mit Mühe gearbeitete und ausgehauene unterirdische Gänge, welche, ohne etwas dergleichen vorher zu muthmaßen, die Absicht derselben von selbst zeigeten: folglich kann man nicht alles, was der Berg verschüttet hat, zu finden hoffen. Auf diese vor Alters geschehene Nachgrabung scheinet eine Inschrift zu deuten, welche zwar bereits gedruckt ist, aber hier füglich einen Platz verdienet, wegen des Lichts, welches sie uns geben kann.

SIGNA TRANSLATA EX ABDITIS
LOCIS AD CELEBRITATEM
THERMARVM SEVERIANARVM.
AVDENTIVS SAEMILANVS V. C. CON.
CAMP. CONSTITVIT. DEDICARIQVE PRECEPIT. [sic]
CVRANTE T. ANNONIO. CHRYSANTIO V. P.

Fabretti, welcher dieselbe aus einer Handschrift bekannt machte[1]), erkläret sich in den Noten über dieselbe[2]), daß er nicht verstehe, was der Anfang derselben sagen wolle. Mazocchi[3]) läßt sich ebenfalls nicht ein in den Anfang

---

1) Inscr. p. 280. n. 173. 2) Ibid. p. 334.
3) De Theatr. Camp. p. 170.

Anfang derselben: und verstebt hier die Bäder in Rom, die **Septimius Severus** bauete, und **Antoninus Caracalla**, dessen Sohn und Nachfolger, endigte, die daher auch schon vor Alters, wie noch itzo, **Antoniana** hießen, und insgemein die Bäder des Caracalla genennet werden. Diese Inschrift, von welcher man nicht eigentlich wußte, an welchem Orte dieselbe abgeschrieben worden, fand **Martorelli** bey einem Steinmetzen zu Neapel, da derselbe bereits die Säge angesetzet hatte, diesen Marmor zu zerschneiden; folglich redet dieselbe von Dingen, die zu Neapel, oder in der Gegend umher, geschehen sind. Es ist also dieser Gelehrte der Meynung[1]), daß SIGNA TRANSLATA EX ADDITIS LOCIS auf Statuen, welche man aus den verschütteten Städten, und vornehmlich aus dem Herculano, ausgegraben, zu deuten sey. Die **Severianischen Bäder** verstebt er von Bädern, nicht des **Septimius Severus**, sondern des Kaisers **Alexanders Severus**, und gleichwohl führet er den **Spartianus** an, welcher von jenen und nicht von diesen redet noch reden kann, weil seine Geschichte nicht so weit geht: er hätte sich auf den **Lampridius** berufen sollen, welcher von den Alexandrinischen Bädern in Rom redet. Ferner sagt **Martorelli**: wir wissen die Zeit des **Audentius Saemilanus** Viri Consularis, welcher zu des Severus Zeiten (welches Severus aber, sagt er nicht) gelebet; woher er es aber weiß, hat ihm nicht gefallen anzugeben. In diese Bäder zu Rom wurden die Statuen von hierher hingeschaffet, und durch den Baumeister **Chrysanthus** aufgestellet. Die Inschrift und die entdeckten vor Alters gemachten unterirdischen Gänge im Herculano erklären sich also wechselsweise. Bald hernach verlosch das Andenken dieser verschütteten Schätze gänzlich aus dem Gedächtnisse der Menschen durch die einreißende Barbarey und Unwissenheit.

Die neuere Entdeckung geschahe bey Gelegenheit eines Brunnens, welchen der Prinz **Elbeuf**, ohnweit seinem Hause, daselbst graben ließ. Dieses Haus wurde von gedachtem Herrn zu seinem Aufenthalte an diesem

---

1) In Additam. ad Reg. Thec. Calamar. p. 37, seq.

sem Orte, hinter dem Kloster der Franciscaner der strengerern Regel von S. Pietro von Alcantara, auf dem Rande und der Klippen der **Lava** selbst, am Meere aufgebauet, und es kam nach dessen Tode an das Haus **Falletti** in Neapel, von welchem es der itzige König in Spanien käuflich erstand, um sich daselbst mit der Fischerey und sonderlich mit angeln der Fische zu erlustigen. Gedachter Brunnen wurde nahe an dem Garten der Augustiner Barfüßer eingeschlagen, und durch die **Lava** durchgebrochen; die Arbeit wurde fortgesetzet bis man an festes Erdreich gelangete, welches die Asche des Vesuvius ist, und hier fanden sich drey weibliche bekleidete Statuen, auf welche der damalige Oesterreichische Vice-König mit Recht Anspruch machte. Dieser ließ dieselben nach Rom führen, wo sie ergänzet wurden, und schenkte sie dem Prinzen Eugenius, welcher sie in seinem Garten zu Wien aufstellete. Nach seinem Tode verkaufte dessen Erbinn diese drey Statuen an Se. Majest. den König von Pohlen für sechstausend Thaler oder Gulden (welches ich nicht eigentlich weiß) und es standen dieselben vor sieben Jahren, vor meiner Abreise nach Italien, in einem Pavillon des großen Königlichen Gartens vor Dreßden, unter den Statuen und Brustbildern des Pallastes Chigi, welche der sel. verstorbene König von Pohlen mit sechzigtausend Scudi erkaufte, und mit welcher er eine andere Sammlung alter Werke vereinigte, die ihm der Herr Cardinal **Alexander Albani** für zehentausend Scudi überließ.

Dem Prinzen Elbeuf wurde nach dieser Entdeckung untersaget, mit Nachgraben fortzufahren, und von dieser Zeit an wurde in mehr als dreyßig Jahren nicht weiter daran gedacht, bis da der itzige König in Spanien zum ruhigen Besitze dieses eroberten Reichs gelangete, und Portici zum Frühlingsaufenthalte wählete. Der ehemals gegrabene Brunnen war noch da, und in demselben gieng man, auf Königlichen Befehl, weiter hinunter, bis sich Spuren von Gebäuden fanden, und diese waren von dem Theater, welches die erste Entdeckung ist; und der Brunnen ist noch itzo, so weit derselbe durch die Lava gebrochen worden, zu sehen, und

fällt

von den Herculanischen Entdeckungen.

fällt auf die Mitte des Theaters, welches durch diese Oeffnung Licht bekommt. Die Inschrift mit dem Namen der Stadt Herculanum, die man fand, zeigeten den Ort an, wo man grub, und dieses machte Muth, die Arbeit unter der Erde weiter fortzusetzen.

Die Aufsicht über diese unterirdische Arbeit wurde einem Spanischen Feldmesser oder Ingenieur, **Rocco Giachino Alcubierre**, welcher dem Könige aus seinem Lande gefolget war, aufgetragen; dieser ist ißo Obrister und das Haupt von dem Corpo der Neapelschen Ingenieurs. Dieser Mann, welcher mit den Alterthümern so wenig zu thun gehabt hatte, als der Mond mit den Krebsen, nach dem Welschen Sprichworte, war durch seine Unerfahrenheit Schuld an vielem Schaden und an dem Verluste vieler schönen Sachen. Ein Exempel kann an statt aller dienen. Da man eine große öffentliche Inschrift, ich weiß nicht, an dem Theater, oder an einem andern Gebäude entdeckete, welche aus Buchstaben von Erzt bestand, die an zween Palme lang sind, wurden dieselbe, ohne die Inschrift vorher abzuzeichnen, von der Mauer abgerissen, und alle unter einander in einen Korb geworfen, und in dieser Verwirrung Sr. Majestät gezeiget. Der erste Gedanke, welcher einem jeden Menschen kommen mußte, war die Frage, was diese Buchstaben bedeutet; und dieses wußte niemand zu sagen. Viele Jahre standen dieselbe in dem Museo willkührlich aufgehänget, und ein jeder konnte das Vergnügen haben, sich nach seinem Gefallen Worte aus denselben zu bilden; endlich aber hat man so lange studiret, bis man sie in einige Worte gebracht hat, von welchen unter andern IMP. AVG. ist. Wie man durch desselben Veranstaltung mit der **Quadriga** von Erzt verfahren ist, werde ich unten in dem vierten Stücke anführen.

Da mit der Zeit dieser D. **Rocco** höher stieg, wurde die Unter-Aufsicht und das Befahren der unterirdischen Orte und Grüfte einem Ingenieur aus der Schweiz, Hrn. **Carl Weber**, welcher ißo Major ist, übergeben, und diesem verständigen Manne hat man alle gute Anstalten, die nachher gemacht sind, zu danken. Das erste, was er machte, war ein richtiger Grundriß der unterirdischen Gänge und der entdeckten Gebäude, und dieses nach allen Arten von Ausmessungen; diesen Grundriß machte er deutlich durch andere Zeichnungen, welche den Aufriß der ganzen Entdeckung zeigen, die man sich vorstellen muß, zu sehen, wie wenn das ganze Erdreich über dieselbe weggenommen wäre, und das Innerste der Gebäude, deren Zimmer und ihrer Gärten, nebst dem eigentlichen Orte, wo ein jedes gefunden ist, sich unsern Augen von oben her aufgedeckt zeigete. Diese Risse aber werden niemanden gezeiget.

Nachdem man nun in den Herculanischen Entdeckungen glücklich gewesen war, fieng man an, die andern Orte aufzusuchen, und es fand sich die wahre Lage von dem alten Stabia; und Pompeji entdeckte die großen Ueberbleibsel des Amphitheaters, welche beständig über der Erde auf einem Hügel sichtbar gewesen. An beyden Orten war mit wenigern Kosten, als im Herculano, nachzugraben, weil man dort keine Lava zu überwinden hatte. Nirgend gehet man mit größerer Zuversicht, als in Pompeji, weil man gewiß weiß, man gehe Schritt vor Schritt in einer großen Stadt, und die Hauptstraße ist gefunden, welche in schnur=gerader Linie fortgeht. Bey aller dieser Gewißheit, Schätze, die unseren Voraltern nicht bekannt gewesen, zu finden, wird das Werk sehr schläfrig getrieben, und es sind an allen unterirdischen Orten zusammen nicht mehr als funfzig Arbeiter, die Sclaven von Algier und Tunis mit gerechnet, vertheilet; und eine große Stadt, wie Pompeji ist, auszugraben, fand ich auf meiner letzten Reise nur acht Menschen beschäfftiget.

Die Art und Weise, mit welcher man im Nachgraben verfährt, ist so beschaffen, daß nicht leicht eine Hand breit übergangen werden kann. Man folget dem Hauptgange in gerader Linie, und aus demselben gehet man auf beyden Seiten heraus, und wenn ein Raum ins Gevierte von sechs Palmen nach allen Seiten ausgegraben und durchsucht ist, wird gegen über ein Raum von gleicher Größe ausgegraben, und das Erdreich aus

diesem

von den Herculanischen Entdeckungen.

diesem wird in den Raum gegenüber geführet, theils um die Kosten zu ersparen, theils um das Erdreich durch Anfüllung zu unterstützen, und so verfährt man wechselsweise.

Ich weiß, daß Auswärtige so wohl als Reisende, die dieses alles wie im Vorbeygehen sehen, oder sehen können, wünschen, daß nichts möchte mit Erdreiche angefüllet werden, sondern daß man, wie in gedachten Grundrissen, die ganze unterirdische Stadt Herculanum aufgedeckt möchte liegen sehen. Man tadelt den schlechten Geschmack des Hofes und derjenigen, die über diese Arbeit gesetzet sind; aber dieses ist ein Urtheil nach den ersten Eindrücken ohne gründliche Untersuchung des Orts und anderer Umstände. Von dem Theater gebe ich es zu, wo dieses möglich und die Entdeckung der Kosten würdig gewesen wäre, und man hat übel gethan, sich zu begnügen, die Sitze zu entdecken, welche man sich aus so viel alten Theatern vorstellen konnte, die Scena selbst aber, als das vornehmste Theil, wovon wir keine anschauliche Kenntniß haben, bedecket und verschüttet zu lassen. Unterdessen ist auch itzo Hand angelegt, diesem Verlangen ein Genüge zu thun, und es sind die Stiegen, welche aus der Arena oder der Platea zur Scena führen, entdecket. Es könnte also das Herculanische Theater wenigstens unter der Erde mit der Zeit völlig gesehen werden.

Was aber die Aufdeckung der ganzen Stadt betrifft, gebe ich denen, die dieses wünschen, zu überlegen, daß, da die Wohnungen durch die ungeheure Last der Lava erdrückt worden, man nichts als die vier Mauern sehen würde. Da man ferner diejenigen Wände, welche bemalet waren, um das Gemalte nicht der Luft und dem Wetter preiß zu geben, weggenommen, so würden die besten Häuser eingerissen zu sehen seyn, und die Mauern von den schlechtesten Wohnungen wären stehen geblieben. Nächstdem ist leicht zu begreifen, was vor ein ungeheurer Aufwand es gewesen seyn würde, alle Lava wegzusprengen, und alles theils versteinerte, theils anderes Erdreich auszugraben und wegzuführen; und zu was vor Nutzen? zerstörete alte Mauern zu sehen. Und endlich hätte man, um einiger

niger unzeitig Neugierigen Lust zu stillen, eine ganze wohlgebauete und stark bewohnte Stadt verstören müssen, um eine verstörete Stadt und einen Haufen Steine an das Licht zu bringen. Die gänzliche Aufdeckung des Theaters aber würde nichts kosten, als den Garten der Augustiner Barfüßer, unter welchem es steht.

Diejenigen, welche völlig aufgedeckte vier Mauren verschüttet gewesener Wohnungen sehen wollen, können nach Pompeji gehen; aber man will sich nicht so viel bemühen: dieses bleibt nur für die Engeländer. An diesem Orte kann man also verfahren: denn die ganze Stadt ist mit einem wenig fruchtbaren Erdreiche bedecket, und da vor alters an diesem Orte der köstlichste Wein wuchs, so tragen itzo die daselbst gepflanzeten Weinberge wenig ein, und es ist kein großer Schade, dieselbigen zu verwüsten. Man spüret auch hier mehr, als an andern Orten, in selbiger Gegend eine schädliche Ausdünstung, welche Muffeta heißt, und alles verdorret, so wie ich es an einem Haufen Ulmbäumen fand, die ich vor fünf Jahren frisch und grün gesehen hatte. Diese Ausdünstung ist insgemein der Vorbothe von einem nahen Ausbruche des Berges, und äußert sich zuerst in Kellern; vor dem letzten Ausbruche fielen einige Menschen, beym Eintritte in die Keller ihrer Häuser, auf der Stelle todt nieder.

Man ersieht aus dieser Nachricht von den Anstalten zu Entdeckung dieser Orte, daß mit solcher Schläfrigkeit annoch für die Nachkommen im vierten Gliede zu graben und zu finden übrig bleiben werde. Mit noch geringern Kosten könnte man vielleicht eben so große Schätze finden, wenn man zu Pozzuolo, zu Baja, zu Cuma und zu Misenum graben wollte; denn hier waren die prächtigen Villen der großen Römer. Aber der Hof begnüget sich mit den gegenwärtigen Entdeckungen, und vor sich darf niemand eine merkliche Gruft machen. Es sind so gar noch unbekannte Gebäude an diesen Orten; wie denn ein Englischer Schiffscapitain, da er in dieser Gegend lag, unter Baja einen großen prächtigen Saal unter der Erde entdeckete, in welchem man nur zu Wasser gelangen kann:

in

von den Herculanischen Entdeckungen.

in demselben hat sich die schönste Gipsarbeit erhalten. Diese Entdeckung geschahe vor zwey Jahren, und ich selbst habe davon allererst nach meiner Rückkunft von Neapel, durch Hrn. Adam aus Edenburg in Schottland, Nachricht erhalten, und die Zeichnungen gesehen. Dieser Liebhaber der Künste, und besonders der Baukunst, steht im Begriffe, eine Reise nach Griechenland und Klein-Asien anzutreten.

Nach dem dritten Stücke von der Entdeckung und von der Art derselben ist zuletzt im vierten Stücke vornehmlich von den Entdeckungen selbst Nachricht zu geben, und hier wiederhole ich die Erklärung, welche ich zu Anfange dieses Sendschreibens gemacht habe, nicht alles zu berühren, noch was ich anderwärts ausgeführet habe, hier zu wiederholen. Ich fange billig bey den entdeckten unterirdischen Orten selbst und den Gebäuden an, welche wir unter dem Namen der unbeweglichen Entdeckungen begreifen können, wo über die Bauart, Gebäude und Wohnungen Anmerkungen zu machen sind, und zwar von jedem der verschütteten Orte ins besondere, so viel mir von denselben die geheimgehaltenen Nachrichten einzuziehen möglich gewesen. Zweytens aber und vornehmlich ist von den im Museo aufgestellten Entdeckungen, theils über Gemälde, Statuen, Brustbilder und kleine Figuren zu reden, wo ich einige Inschriften mit anhänge, theils von den Geräthen, und zuletzt umständlich von den entdeckten Schriften zu handeln. Der Leser merke hier die Verhältniß des Neapelschen Palms, nach welchem die mehresten Maaße angegeben sind; es hält derselbe vierzehn Römische Zolle, und ist also zween Zolle größer, als der Römische Palm.

Unter den unbeweglichen Entdeckungen ist der Zeit und Größe nach das erste und vornehmste das Theater der Stadt Herculanum. Es hat dasselbe achtzehen Reihen Sitze, einen jeden von vier Römischen Palmen breit, und einem in der Höhe, und die sind aus einer Art von Tufo gehauen; nicht aus harten Steinen, wie Martorelli angiebt. Ueber diese Sitze erhob sich ein Porticus, und unter demselben waren drey andere Reihen

Reihen Sitze. Zwischen den untern Sitzen sind sieben besondere Aufgänge, zur Bequemlichkeit, welche Vomitoria hießen. Der Durchmesser des untern Sitzes ist zwey und sechzig Neapelsche Palme, und man hat gefunden, anderthalb Palme auf die Person gerechnet, daß in diesem Theater dreytausend und fünfhundert Menschen sitzen können, außer denjenigen, die in der Arena oder der Platea-Platz hatten. Dieser innere Platz war mit starken Platten von Giallo antico gepflastert, wie man noch an einigen Spuren siehet, die zum Denkmaale übrig gelassen sind. Die gewölbten Gänge unter den Sitzen waren mit weißem Marmor belegt, wie die Spuren zeigen, und die Cornische, welche in denselben umher gehet, ist noch von Marmor übrig.

Oben auf dem Theater stand eine Quadriga, d. i. ein Wagen mit vier Pferden bespannet, nebst der Figur der Person auf demselben in Lebensgröße, alles von vergoldetem Erzte, und man sieht noch itzo die Base von weißem Marmor, auf welcher dieses Werk stand. Einige behaupten, daß es drey Bigä gewesen, oder drey Wagen, jeder mit zwey Pferden; und diese Ungewißheit zeuget von der Dummheit derjenigen, die an dieser Entdeckung Hand hatten. Diese Werke sind, wie leicht zu erachten ist, von der Lava umgeworfen, zerdrücket und zerstücket, aber es fehlete bey der Entdeckung kein Stück an denselben. Wie verfuhr man aber mit diesen kostbaren Trümmern? Es wurden alle Stücke gesammlet, auf Wagen geladen, nach Neapel geführet, und in den Schloßhofe abgeladen, wo dieselben in einer Ecke aufeinander geworfen wurden. Hier lag dieses Erzt, wie altes Eisen, geraume Zeit, und nachdem hier ein Stück und dort ein anderes war weggetragen worden, so entschloß man sich, diesen Ueberbleibseln eine Ehre anzuthun; und worinn bestand dieselbe? Es wurde ein großer Theil davon zerschmolzen zu zwey großen erhaben gearbeiteten Brustbildern des Königs und der Königinn. Wie diese beyden Stücke gerathen können, stelle ich mir vor, ohnerachtet ich dieselben nicht gesehen habe: denn sie sind unsichtbar geworden, und bey Seite gethan, da man das unwissende unverantwortliche Verfahren anfieng zu merken.

von den Herculanischen Entdeckungen.

merken. Die übrigen Stücke von dem Wagen, von den Pferden und von der Figur wurden endlich wiederum nach Portici geführet, und in den Gewölbern unter dem Königlichen Schlosse der Welt völlig aus den Augen gerücket. Geraume Zeit nachher brachte der Aufseher des Musei in Vorschlag, aus den übrigen Stücken von den Pferden wenigstens ein einziges zusammen zu setzen, und dieses wurde beliebet, und durch die Arbeiter in Erzt, die von Rom zur Arbeit an andern Entdeckungen waren verschrieben worden, wurde Hand an dieses Werk geleget. Alle und jede Stücke zu einem ganzen Pferde fanden sich nicht mehr, und es mußten einige neue Güsse gemacht werden, und auf diese Art brachte man endlich ein Pferd und ein schönes Pferd zusammen, welches in dem innern Hofe des Musei aufgerichtet ist. An dem Gestelle von Marmor stehet folgende Inschrift in vergoldeten Buchstaben von Erzt, von dem berühmten Mazocchi gemacht:

EX. QVADRIGA. AENEA.
SPLENDIDISSIMA
CVM. SVIS. IVGALIBVS.
COMMINVTA. AC. DISSIPATA
SVPERSTES. ECCE. EGO. VNVS.
RESTO.
NONNISI. REGIA. CVRA.
REPOSITIS. APTE. SEXCENTIS.
IN. QVAE. VESVVIVS. ME.
ABSYRTI. INSTAR.
DISCERPSERAT.
MEMBRIS.

In dieser Inschrift könnte man einige Critic machen über das Wort SEXCENTIS, welche Zahl gebräuchlich ist, eine unbestimmte große Zahl anzugeben, die aber hier viel zu groß ist: denn es würden nicht hundert Stücke heraus kommen. Man kann auch die Metapher INSTAR AB-

ABSYRTI, hier nicht allein sehr überflüßig, sondern in dem Stile der Inschriften fremde finden; es ist auch die Versetzung der Worte von sexcentis bis zu membris zu weit und zu poetisch.

Dieses Pferd, gut oder übel zusammen gesetzt, schien wie aus einem Stücke zu seyn, bis nach und nach die übel vereinigten und verschmierten Fugen sich von der Hitze öffneten: denn es ist schwer, einen neuen Guß an den Bruch eines alten Stückes von Erzt zu verbinden; und da im März 1759, bey meinem Daseyn, ein großer Regen einfiel, lief das Wasser in die Fugen, und das Pferd bekam die Wassersucht. Diese Schande der Ergänzung suchte man auf das sorgfältigste zu verbergen; der Hof des Musei wurde an drey Tage verschlossen gehalten, bis das Wasser aus dem Bauche abgezapfet war. In diesen besorglichen Umständen ist das Pferd bis itzo ohne weitere Hülfe, welche schwer werden würde, stehen geblieben; und dieses ist die Geschichte der vergoldeten **Quadriga** von Erzt auf der Spitze des Herculanischen Theaters.

Von dem Theater war nicht weit entfernet ein runder Tempel, wie man glaubt, des Hercules, von dessen inwendigen Mauern die größten Gemälde, welche in dem ersten Bande stehen, abgenommen sind. Diese sind, der Theseus, welchem die Athenienfischen Knaben und Mädchen die Hände küssen, da er von Creta zurück kam, und den Minotaur erlegt hatte, und an diesem als dem größten Stücke siehet man die Runde der Mauern. Die übrigen sind die Geburth des Telephus, der Chiron und Achilles, und Pan und Olympus.

Diese Gebäude standen an dem öffentlichen Platze der Stadt, wo die marmornen Statuen zu Pferde des ältern und des jüngern Nonius Balbus gefunden wurden, von welchen diese, weil sie am besten erhalten war, zuerst ergänzet, und in dem Portal des Königlichen Schlosses unter einem Hause von Glas gesetzet worden. Jene Statue stehet dieser gegen über; der Platz zu derselben aber ist nicht ausgebauet. Das Kupfer von der einen, welches aus dem Gedächtnisse gezeichnet, und in

Gori

von den Herculanischen Entdeckungen.

Gori Symbolis litterariis gestochen ist, giebt einen ziemlichen Begriff von denselben.

Nahe an diesem öffentlichen Platze lag eine Villa oder ein Landhaus, nebst zugehörigem Garten, welche sich bis an das Meer erstreckete; und in derselben sind die alten Schriften, von welchen in dem letzten Abschnitte dieses Stücks geredet wird, und die Brustbilder von Marmor in den Vorzimmern der verstorbenen Königinn, nebst einigen schönen weiblichen Statuen von Erzt gefunden. Ueberhaupt ist zu merken, daß das Gebäude dieser so wohl als anderer Villen an diesem und andern benachbarten Orten, nebst andern Wohnungen, nur von einem einzigen Gestocke gewesen. Diese Villa schloß einen großen Teich ein, welcher 252 Neapelsche Palmen lang und 27 breit war, und an beyden Enden war derselbe in einen halben Zirkel gezogen. Rund umher waren, was wir Gartenstücke nennen, und dieser ganze Platz war mit Säulen von Ziegeln, mit Gips übertragen, besetzt, deren 22 an einer und an der längsten Seite standen, und 10 in der Breite. Oben aus diesen Säulen giengen Balken bis in die Mauer, die um den Garten gezogen war, und dieses machte eine Laube um den Teich. Unter derselben waren Abtheilungen zum Waschen oder Baden, einige halb rund und andere eckigt, wechselsweise. Zwischen den Säulen standen erwähnte Brustbilder, und wechselsweise mit denselben die weiblichen Figuren von Erzt. Um die Mauer des Gartens umher von aussen war ein schmaler Wassercanal geleitet. Aus dem Garten führete ein langer Gang zu einer offenen runden Loggia, oder Sommersitze, am Meere, welche 25 Neapelsche Palmen vom Ufer erhöhet war, und von dem langen Gange gieng man vier Stufen zu dem runden Platze hinauf, wo oben gedachtes schöne Paviment oder Estrich von Marmo Africano und von Giallo antico war. Es bestehet dasselbe aus zwey und zwanzig Umkreisen, die sich gegen den Mittelpunct verjüngen, von keilförmig gehauenen und abwechselnden Steinen, in deren Mitte eine große Rose ist, und dienet itzo zum Fußboden in dem zweyten Zimmer des Herculanischen Musei; es hält vier und zwanzig Römische Palmen im Durchmesser. Um diesen Fußboden gieng eine Einfassung von weißem Marmor von anderthalb Neapelschen Palmen breit, welche bey nahe einen halben Palm höher lag. Es war dieses Werk, wie oben gesagt ist, 102 Neapelsche Palmen unter der Erde, und mit der Lava des Vesuvius bedecket. Außer der Bibliothek war in dieser Villa, so viel ich habe erfahren können, ein kleines völlig dunkeles Zimmer, etwa von fünf Palmen lang, nach allen Seiten, und an zwölf Palmen hoch, welches mit Schlangen bemalet war, woraus zu schließen wäre, daß es zu dem Eleusinischen geheimen Aberglauben gedienet hätte, welches ein schöner Dreyfuß von Erzt, den man hier fand, wahrscheinlicher macht. Von großen Herculanischen Gebäuden sind bis itzo noch nicht mehrere entdecket.

Unter den unbeweglichen Entdeckungen der Stadt Pompeji will ich mich auf einen kleinen viereckigten Tempel oder Capelle einschränken, welcher im Jahre 1761 ausgegraben wurde. Es gehörete derselbe zu einem großen Hause oder Villa, und der Gipfel, welcher mit allerhand Laubwerke ausgemalet war, ruhete auf vier Säulen, welche gemauert und übergipset waren, etwa anderthalb Palme im Durchmesser, und sieben Palme sieben Zolle hoch, mit geritzten Einschnitten, die Reifen an denselben anzuzeigen. Eine von diesen Säulen stehet in dem Hofe des Herculanischen Musei. Der Tempel war zwo Stufen erhaben, und zwischen dem mittlern Intercolumnio, welches sehr viel weiter als die andern waren, giengen innerhalb drey andere, aber rund hinein geschweifte, Stufen bis an den Fußboden dieses Tempels, welches also um so viel höher lag, als die Säulen standen: diese Stufen waren mit Platten von schlechtem Marmo Cipolino belegt. Innerhalb dieses kleinen Tempels stand eine Diana im hetrurischen Stile auf einer Base, welche ebenfalls mit Marmor belegt war. Vor dem Tempel, auf der Seite gegen den rechten Eck desselben, stand ein runder Altar; auf der andern Seite war ein Brunnen: gegen den Tempel über war eine Cisterne, und in den hinein geschweiften Ecken derselben waren vier Brunnen, oder Oeffnungen aus der Cisterne, um das Wasser mit mehr Bequemlichkeit zu schöpfen. Das einzige Gebäude von zwey Gestock in allen Entdeckungen, ist hier gefunden, und man wird dasselbe beständig aufgedeckt sehen können. Als ich mich im Februario dieses 1762 Jahres mit dem Auffeher des Musei daselbst befand, waren die Arbeiter beschäfftiget, ein bemaltes Zimmer auszuräumen, und eine Art von Credenztisch an das Licht zu bringen, welcher mit Marmor beleget war, und an eben dem Orte fand man eine Sonnenuhr.

Zu Gragnano, oder in dem alten Stabia, fand sich eine Villa oder Landhaus, welche in den mehresten Stücken der Herculanischen ähnlich war. Mitten im Garten war ein Teich von vier gleichen Abtheilungen, über welche eben so viel kleine Brücken von einem Bogen giengen. Um den freyen Platz umher waren auf der einen Seite zehen Gartenstücke; auf der andern Seite zehen Kammern zum Waschen oder Baden, welche wie im Herculano halb rund und eckigt wechselsweise folgeten. Diese Kammern so wohl, als jene Felder, waren durch eine Laube bedecket, welche so wie jene gemacht war, und vorwärts auf eben solchen Säulen ruhete. Um den ganzen Garten war ein Wassercanal an der innern und äußern Seite der Mauer geleitet, vermuthlich das Regenwasser zu sammlen: denn von Wasserleitungen hat sich hier keine Spur gefunden, und man wird in dieser Gegend größten theils von Wasser vom Himmel gelebet haben; wie denn in dem Atrio dieser Villa selbst eine große Cisterne war. Eben so war der erstaunende Wasserbehälter für die Römische Flotte bey Misenum, Piscina mirabilis genannt, mit Regenwasser angefüllet, und die Soldaten der Flotte trugen dasselbe hinein, wie man noch itzo aus einigen Röhren in der Höhe schließen kann, wo vermuthlich das Wasser hineingegossen wurde. Dieser unterirdische Behälter steht auf fünf langen Bogen, ein jeder von dreyzehen Römischen Palmen breit, und eben so weit stehen die Pfeiler von einander.

Von denen in dem Museo selbst enthaltenen Entdeckungen und Seltenheiten sind zwo Classen zu machen, unter denen die erste die Sachen

Sendschreiben

der Kunst und die Geräthe enthält, die zweyte aber die gefundenen Schriften. Von der ersten Art ist zu vörderst der Gemälde zu gedenken, von welchen itzo über tausend Stücke große und kleine daselbst sind. Es sind dieselbe alle in Holz gefasset mit vorgesetztem Glase, und einige der größten, als der Theseus, der Telephus, der Chiron u. s. f. haben ihre Glasthüren, um dieselben genauer betrachten zu können. Die mehresten sind auf einem trockenen Grunde, oder *a tempera*, gemalet, wie auch in der Beschreibung dieser Gemälde angezeiget ist, und einige wenige sind auf nassen Gründen, oder *a Fresco*. Da man aber anfänglich in der Meynung stand, daß alle Gemälde auf der Mauer auf nasse Gründe gesetzt wären, und hierüber kein Zweifel entstand, so wurde die Art der Malerey an diesen Stücken nicht untersucht. Zu gleicher Zeit fand sich ein Mensch, welcher mit einem Firniß hervor kam, diese Gemälde zu erhalten, und mit diesem wurden so gleich alle diejenigen, welche entdeckt waren, überzogen, und folglich ist es nicht mehr möglich, die Art der Malerey an denselben zu untersuchen. Die allerschönsten sind die Figuren der Tänzerinnen und der Centauren, von etwa einer Spanne lang, auf einem schwarzen Grunde, welche von einem großen Meister Zeugniß geben: denn sie sind flüchtig wie ein Gedanke, und schön wie von der Hand der Gratien ausgeführet. Die nächsten nach diesen sind zwey Stücke, die zusammen gehöreten, von etwas größeren Figuren [1]), wo auf dem einen ein junger Satyr ein Mädchen küssen will, und auf dem andern ist ein alter Satyr in einen Hermaphroditen verliebt. Wollüstiger kann nichts gedacht und schöner nichts gemalet seyn. Außerdem sind einige Frucht- und Blumenstücke in dieser Art Malerey unverbesserlich.

Wir können hieraus den Schluß machen: Wenn an einem Orte wie Herculanum war, und auf Mauern in Häusern, so ausnehmende Stücke gewesen; wie vollkommen müssen die Werke der großen und berühmten griechischen Maler in den besten Zeiten gewesen seyn? Näher zu

---

1) Pitt. Ercol. T. I. tav. 15. 16.

von den Herculanischen Entdeckungen.

der Richtigkeit dieses Schlusses werden wir auch hier durch augenscheinliche Beweise an vier Gemälden geführet, welche zwar zu Stabia gefunden, aber nicht daselbst gemalet sind. Es wurden dieselben zwey und zwey mit der umgekehrten Seite der Mauer auf einander geleget, auf dem Boden des Zimmers gedachter Villa, an der Mauer angelehnt gefunden, und waren also anderwärts ausgesäget und weggenommen, vielleicht in Griechenland, und hierher gebracht, um in die Mauer des Zimmers eingesetzt zu werden, da der einbrechende Auswurf dieses verhinderte. Dieses ist eine Entdeckung, welche zu Ende des vorigen 1761 Jahres gemacht worden. Die Figuren sind etwa von anderthalb Spannen mit dem größten Fleiße, mehr als irgend eins von den vorher entdeckten ausgeführt, und alle viere haben ihre mit verschiedenen Farben gezogene Einfassung. Schade ist es, daß zwey davon zerbrochen und dadurch beschädigt sind. Ich habe dieselben in meiner Geschichte der Kunst des Alterthums umständlich beschrieben.

Hier ist zu erinnern, daß alle diejenigen Gemälde auf der Mauer, welche aus Italien jenseit der Alpen, es sey nach England, Frankreich oder nach Deutschland gegangen sind, vor Betrügereyen zu halten. Der Herr Graf **Caylus** ließ eins dergleichen als ein altes Gemälde in seinen Sammlungen von Alterthümern stechen, weil man es ihm als ein Stück aus dem Herculano verkauft hatte. Dem Marggrafen von Bareuth wurden bey seiner Anwesenheit in Rom verschiedene von diesen Gemälden aufgehänget, und ich höre, daß dergleichen Betrügereyen auch an andere Deutsche Höfe vertrieben worden. Es sind dieselben alle von einem sehr mittelmäßigen Venetianischen Maler, **Joseph Guerra**, in Rom, welcher im vorigen Jahre verstarb, gemacht; und es ist kein Wunder, daß Fremde sich mit dieser Arbeit haben anführen lassen, da dieses einem in Alterthümern sehr erfahrnen und weitläuftig gelehrten Manne wiederfahren ist. Dieses ist der Jesuit P. **Contucci**, Aufseher der Studien und des Musei in dem Collegio Romano, welcher mehr als vierzig Stücke erhandelte, in der Versicherung von Schätzen, welche aus Sicilien, ja gar aus Palmyra gebracht worden: denn man sagt, daß viele dieser Gemälde nach Neapel geschickt worden, welche man von da zurück kommen ließ, um der Betrügerey einen Schein zu geben. Auf einigen sind selbst erfundene Buchstaben gesetzt, die mit keiner bekannten Sprache eine Verwandtschaft haben, zu deren Erklärung aber sich vielleicht ein zweyter Kircher gefunden hätte, wenn der Betrug noch einige Zeit verdeckt geblieben wäre. Es müssen diese Gemälde aber Personen, ich will nicht sagen, die in der Kunst oder in den Alterthümern erfahren sind, sondern Geschmack besitzen, in die Augen fallen: denn gedachter Maler zeiget nicht die allergeringste Kenntniß in Gebräuchen und Gewohnheiten der Alten, oder in ihren Formen, sondern er entwarf seine Sachen wie blindlings, und schuf eine neue Welt, dergestalt, daß, wenn ein einziges von seinen Stücken hätte alt seyn können, das ganze Systema der Kenntnissen des Alterthums umgeworfen seyn würde. Unter den Gemälden der Jesuiten z. E. ist Epaminondas, wie er aus der Schlacht bey Mantinea getragen wird; und diesen Held hat er mit einer völligen Rüstung von Eisen, wie sie in den alten Thurniren üblich war, vorgestellet. Auf einem andern ist ein Thiergefechte in einem Amphitheater, und der vorsitzende Prätor oder Kaiser hat den Arm auf dem Griffe eines bloßen Degens, wie die aus dem dreyßigjährigen Kriege sind, gestützet. Die größte Fruchtbarkeit der Ideen dieses Malers bestehet in ungeheuren Priapen, und seine Begriffe der Schönheit sind spillenmäßige langgezogene Figuren. Da nun in Rom diese Arbeit fast durchgehends für das, was sie war, erkannt wurde, ließ sich dennoch vor zwey Jahren ein Engeländer verleiten, für sechshundert Scudi von solchen Stücken zu erhandeln.

Nach den Gemälden sind die schönsten Statuen, die merkwürdigsten Brustbilder und einige kleine Figuren zu berühren. Von marmornen Statuen verdienen außer den beyden zu Pferde, zwo weibliche Figuren in Lebensgröße, wegen ihres schön gearbeiteten Gewandes, betrachtet zu werden, die ihren Platz in der Gallerie bekommen. In dem Hofe des Musei stehet die Mutter des Nonius Balbus, wie die erhaltene

Inschrift

von den Herculanischen Entdeckungen.

Inschrift an dem Gestelle derselben zeiget, mit einem Theile ihres Gewandes oder Mantels bis auf den Kopf geworfen, welches um demselben eine Gratie zu geben, oben über der Stirne spitz gekniffen ist: Eben so gekniffen ist das Gewand auf dem Kopfe der Tragoedie auf der Vergötterung des Homerus im Pallaste Colonna. Dieses ist eine Kleinigkeit, die nicht verdienete, angemerket zu werden, die ich selbst auch kaum bemerket hätte, wenn nicht Cuper [1]) diese gekniffene Falte sich als etwas besonders vorgestellet und geglaubet hätte, hier dasjenige zu finden, was die Griechen Ὄγκος nennen, welches ein Aufsatz von Haaren ist, der sich auf den Tragischen Larven beyderley Geschlechts, über der Stirne erhebet. Die Zeichnung zu seinem Kupfer hat ihn verführet: denn auf dem Marmor ist diese Spitze nicht so hoch, ist auch nicht in eine Falte übergeschlagen, wie er es vorstellen lassen. Außer diesen ist eine Pallas in Lebensgröße vor allen andern Statuen in Marmor zu merken, und allem Ansehen nach ist dieselbe nicht hier gearbeitet worden, sondern muß weit älter seyn, und aus dem älteren Griechischen Stile, oder nahe an demselben. Denn es hat dieselbe im Gesichte eine gewisse Härte und in der Kleidung geplättete parallel Falten, als Zeichen von dem, was ich sage. Merkwürdig ist ihr Aegis, welcher am Halse gebunden und hernach über den Arm geworfen ist, um ihr an statt eines Schildes etwa in dem Streite wider die Titanen zu dienen: denn diese Göttinn ist hier wie im Laufe gehend, und hat den rechten Arm erhaben, wie einen Wurfspieß zu werfen. Es ist auch zu Pompeji in gedachtem kleinen Tempel eine Diana gefunden, welche ungezweifelt hetrurisch ist. Diese wird umständlich in der Geschichte der Kunst beschrieben. Von Aegyptischen Werken hat sich eine kleine männliche Figur von schwarzem kleinkörnichten Granite, mit einem sogenannten Modio auf dem Kopfe, gefunden, welche mit sammt der alten Base drey Palme und drey Zolle, Römisches Maaß, hält; es trägt dieselbe eine runde Tafel von eben dem Steine, die im Durchmesser zween Palme und sieben Zolle hat.

Hier

[1]) Apotheos. Hom. p. 81 seq.

Hier werden Sie Sich erinnern, Hochgebohrner Graf, daß in dem ergangenen Königlichen Befehle über dem mir besonders ertheilten Zutritte im Museo, diese Freyheit auf das, was erlaubt zu sehen ist, eingeschränkt war. Ich bestand damals nicht auf die Erklärung dieser Clausel; ich glaube aber, daß dieses theils von dem, was von Alterthümern in den Gewölbern unter dem Königlichen Schlosse liegt, zu verstehen sey, vornehmlich aber eine unzüchtige Figur betreffe. Zu jenen bin ich gelanget, da ich mir die Vertraulichkeit des Aufsehers erworben hatte; die Figur aber wird niemanden, als auf eigenhändigen Befehl des Königs, gezeiget, und diesen hat noch niemand gesuchet, folglich wollte ich nicht der erste seyn. Es stellet dieses Werk in Marmor einen Satyr mit einer Ziege vor, welcher etwa über drey Römische Palmen groß ist, und man sagt, es sey sehr schön. Es wurde unmittelbar nach der Entdeckung verschlossen dem Könige nach Caserta, wo damals der Hof war, geschickt, und wiederum unverzüglich und verschlossen dem Königlichen Bildhauer zu Portici, Hrn. Joseph Canart, zur Verwahrung übergeben, mit gemeldetem scharfen Befehle. Es ist also falsch, wenn sich einige Engländer rühmen wollen, dieses Stück gesehen zu haben.

Die größten Statuen in Erzt stellen Kaiser und Kaiserinnen vor, und werden an zehen seyn, alle über Lebensgröße; aber diese sind mittelmäßig, und es ist nichts an denselben zu merken, als an einigen der Ring an dem Goldfinger der rechten Hand an jenen, auf welchem ein Lituus gestochen ist. Die schönsten Statuen sind sechs weibliche Figuren, theils in Lebensgröße, theils kleiner, welche auf der Treppe zum Museo stehen, und drey männliche Statuen in Lebensgröße, in dem Museo selbst, nämlich ein alter Silenus, ein junger Satyr und ein Mercurius. Die weiblichen Figuren sind diejenigen, welche in dem Garten der Herculanischen Villa, nebst den Brustbildern von Marmor, wechselsweise um den großen Teich standen. Sie sind bekleidet und ohne viel Action, auch ohne beygelegte Zeichen, welche eine gewisse Benennung derselben veranlassen könnten; sie sind aber idealisch, und haben alle ein Diadema.

von den Herculanischen Entdeckungen.

Diadema. Die eine scheint im Begriffe, sich den kurzen Mantel auf der Schulter los zu knöpfen, oder denselben durch den Knopf befestiget zu haben; eine andere fasset sich an ihr Haupthaar; eine dritte hebet den Rock ein wenig in die Höhe nach Art der Tanzenden. Der Silenus liegt auf einem Schlauche, über welchen eine Löwenhaut geworfen ist, und schlägt mit der rechten Hand ein Schnipchen, so wie eine Statue des Sardanapalus vorgestellet war. Der junge Satyr sitzt und schläft, so daß der eine Arm hängt. Der Mercurius aber, welcher unter allen Statuen zuletzt gefunden worden, ist die schönste unter allen: er sitzt ebenfalls, und das besondere sind dessen Flügel, welche an den Füßen gebunden sind; so daß der Heft von den Riemen, in Gestalt einer platten Rose, unter der Fußsohle steht, anzuzeigen, daß dieser Gott nicht zum gehen, sondern zum fliegen gemacht sey.

Die Brustbilder sind theils in Marmor, theils in Erzt: jene sind alle in Lebensgröße, und stehen noch zur Zeit nicht in dem Museo, sondern in einem Vorzimmer der höchstselig verstorbenen Königinn, wo dieselbe gelassen sind, um dem Castellane denjenigen Verdienst, welchen ihm dieselbe einbringen, nicht zu entziehen. Die merkwürdigsten sind ein Archimedes, mit einem krausen kurzen Barte, welcher den Namen schon vor alters mit schwarzer Farbe oder Dinte angeschrieben hatte: vor fünf Jahren las man noch die ersten fünf Buchstaben APXIM. itzo aber sind dieselben durch das öftere Begreifen fast gänzlich verloschen. Ein anderes männliches Brustbild hatte auch den Namen angeschrieben; es waren aber kaum noch drey Buchstaben AΘH sichtbar, die es itzo auch nicht mehr sind. An einem andern männlichen Kopfe ist der Bart unter dem Kinne in einem Knoten geschürzet, wie es ein Kopf im Campidoglio zu Rom hat. Unter den weiblichen Brustbildern ist eine schöne ältere Agrippina, welche einen Kranz um die Haare, wie von länglichen Perlen, zusammengesetzet hat.

Die Brustbilder von Erzt sind theils in und über Lebensgröße, theils halbe Natur und unter dieser Größe, und in beyden, sonderlich in der erſten Art hat dieſes Muſeum vor allen in der Welt den Vorzug. Von großen Köpfen ſind ſechs derſelben beſonders zu merken, und zwar die drey erſten vornehmlich wegen der Arbeit an Haaren, deren Locken angelöthet ſind. Der eine und der älteſte (es zeiget derſelbe den älteſten Stil der Kunſt) hat funfzig Locken wie von einem Drate in der Dicke einer Schreibfeder geringelt: der zweyte hat acht und ſechzig Locken, welche aber platt ſind, und wie ein ſchmaler Streifen Papier, wenn es mit den Fingern zuſammengerollet, und hernach auseinander gezogen würde; die hintern am Halſe haben zwölf Windungen; dieſe beyden ſind von jungen Helden und ohne Bart: der dritte aber mit einem langen Barte hat nur die Seitenlocken angelöthet, und iſt ins beſondere wegen der Ausarbeitung zu bewundern, welche offenbar alles Vermögen und Geſchicklichkeit unſerer Künſtler weit übertrifft; dieſes iſt eins der vollkommenſten Werke auf der Welt; es iſt unter die ſchönſten Dinge aller Art, die man ſehen kann. Man nennet dieſen Kopf insgemein einen Plato; es iſt derſelbe idealiſch. Der vierte Kopf iſt ein Seneca, und der ſchönſte unter verſchiedenen Bildern deſſelben in Marmor, von welchen der beſte in der Villa Medicis befindlich iſt: man könnte ebenfalls behaupten, daß die Kunſt in demſelben für unſere Zeiten unnachahmlich ſey, ob gleich Plinius berichtet, daß die Kunſt in Erzt zu arbeiten unter dem Nero gänzlich gefallen ſey. Die beyden andern ſind Bruſtbilder von der ganz alten Form, und haben auf den Seiten zween hervorgehende bewegliche Balken oder Heben von Metall zum tragen; das eine ſtellet einen jungen Held vor, das andere eine weibliche Perſon: ſie ſcheinen beyde von eben demſelben Meiſter zu ſeyn, und jenes iſt mit dem Namen des Künſtlers:

ΑΠΟΛΛΩΝΙΟΣ ΑΡΧΙΟΥ
ΑΘΗΝΑΙΟΣ
ΕΓΩΗΣΕ

„Apol=

von den Herculanischen Entdeckungen.

„Apollonius, des Archias Sohn, aus Athen, hat es gemacht.„ Ueber die Form des Worts ΕΠΩΗΣΕ habe ich an seinem Orte in der Geschichte der Kunst geredet. Dieses müssen Werke aus der besten Zeit der Kunst seyn. Martorelli[1]) glaubet in dem Kopfe dieses Helden das Bild des Alcibiades zu finden; und warum? Weil der Künstler ein Athenienser ist. Ganz und gar keinen Grund aber hat der Römische Prälat und Erzbischof in partibus Bajardi[2]), in diesem Kopfe einen jungen Römer zu finden, so wie in dem weiblichen Brustbilde eine Römische Frau.

Unter den kleinen Brustbildern machen sich einige mit dem Namen der Person merkwürdig. Eins ist Epicurus und dem im Campidoglio vollkommen ähnlich; ein anderes ist von dessen nächstem und unmittelbaren Nachfolger Hermarchus [ΕΡΜΑΡΧΟΣ] auch ein Zeno ist hier mit dessen Namen. Sonderlich sind zwey Brustbilder des Demosthenes, das kleinere mit dessen Namen, zu merken, welches zum Beschlusse dieses Sendschreibens angebracht ist; es kann also der in Spanien gefundene erhoben gearbeitete Kopf eines jungen Menschen ohne Bart mit eben dem Namen nicht den berühmten Athenienfischen Redner vorstellen, für welchen ihn Fulvius Ursinus, und nach ihm andere genommen, als welcher noch nicht berühmt gewesen seyn kann, ehe er sich den Bart wachsen ließ.

Außer diesen Brustbildern finden sich in den Vorrathskammern des Musei eine Menge kleiner hoch erhabner Brustbilder von Erzt, auf einem runden Felde, wie auf einem Schilde, welche vermittelst einer angelötheten Klammer in der Mauer, oder an einem andern Orte konnten befestiget werden, und solche Art von Brustbildern hieß Clupeum[3]), von der Form eines Schildes: unter denselben stellen einige Kaiser und Kaiserinnen vor. Zwey von dergleichen Brustbildern, aber von Marmor und in Lebensgröße, befinden sich in der Villa altieri, und eines im Campidoglio.

Unter

1) De Thec. Calamar. p. 426.
2) Catal. de' Monum. d'Ercol. p. 169. 170.
3) Conf. Winckelm. Défcr. des Pier. gr. du Cab. de Stofch, p. 387.

Unter den kleinen Figuren sind nicht weniger, als bey Statuen und Brustbildern, ganz besondere Dinge anzumerken, viele aber vornehmlich in Absicht der Gebräuche, der Kleidung und des Schmucks. Da diese aber viele Muße erfordern, die sich wenige Fremde nehmen, so verweise ich den Leser auf das vierte Capitel des ersten Theils meiner Geschichte der Kunst des Alterthums, und begnüge mich hier, einige Figuren, die allgemeiner in das Auge fallen, anzuführen. Die schönste und größte unter denselben und eine der letzten Entdeckungen ist ein Alexander zu Pferde, wo an der Figur ein Arm, und an dem Pferde ein paar Beine fehlen, die leicht zu ergänzen sind. Das Pferd wird mit der Figur etwa drittehalb Palmen hoch seyn, und giebt im Verständnisse und in der Arbeit keinen von den übrigen Statuen und Figuren nach. Die Augen des Pferdes so wohl als der Figur sind von Silber eingelegt, auch der Zügel ist von Silber; es ist auch die Base da, auf welcher das Pferd stand. Ein anderes Pferd von gleicher Größe, wovon aber die Figur verlohren gegangen, gehöret zu jenem, und ist nicht weniger schön. Beyde haben abgestutzte Mähnen, und ihr Gang ist in der Diagonal-Linie. Diese Stücke aber, weil sie noch nicht ergänzt sind, werden insgemein nicht gezeiget. Unter den Figuren, welche man die Fremden bemerken läßt, sind vornehmlich eine kleine Pallas und Venus, beyde etwa einen Palm hoch. Jene hält eine Schaale (patera) in der rechten Hand, und ihren Spieß in der linken: es sind an derselben die Nägel an Händen und an Füßen, die Buckeln auf dem Helme, und ein Streifen an dem Saume ihres Gewandes mit Silber künstlich eingelegt. Die Venus hat goldene Bänder an Armen und Beinen (Armillae & Periscelides), welche aus Drat gewunden sind, und sie hebet stehend das linke Bein in die Höhe, als habe sie sich das Band angeleget, oder als wenn sie es ablösen wollte. Es ist auch eine Parodie, oder in das Lächerliche gekehrte Vorstellung des Aeneas mit dem Anchises auf seinen Schultern, und dem Julus an der Hand, zu merken: alle drey Figuren haben Eselsköpfe. Neben diesem kleinen Gruppo steht ein Esel auf den Hinterfüßen mit einem Mantel

von den Herculanischen Entdeckungen.

umgeworfen, von Silber, noch nicht einen Zoll hoch. Die Liebhaber der Kunst und Kenner finden unter allen kleinen Figuren einen Priapus ihrer vorzüglichen Betrachtung würdig. Es hat derselbe nur die Länge eines Fingers, aber die Kunst ist groß in demselben, und man könnte sagen, es sey eine Schule der gelehrtesten Anatomie, die dermaßen ausstudiret ist, daß Michael Angelo nichts bessers hätte geben können, und ich sehe in dessen Zeichnungen in dem Cabinet des Herrn Cardinals Alexanders Albani, daß er sich bemühet, Figuren von eben der Größe so gelehrt auszuführen. Dieser Priapus macht eine Art von Gebährden, welche den Welschen sehr gemein, den Deutschen aber ganz und gar unbekannt ist: daher es mir schwer wird, mich zu erklären, und die Bedeutung desselben an der Figur zu beschreiben. Die Figur zieht mit dem Zeigefinger der rechten Hand auf den Backenknochen gelegt das untere Augenlied herunter, indem zugleich der Kopf nach eben der Seite geneigt ist; welche Gebährde den Pantomimen der Alten eigen gewesen seyn muß, und von vielfacher und sinnlicher Bedeutung ist. Diese Gebährde wird insgemein stillschweigend gemacht, und wenn man sagen wollte: Hüte dich, er ist fein wie Galgenholz; oder: er wollte mich anführen und ich habe ihn erwischt; oder zu sagen: da kämest du mir recht! das wäre ein gefunden Fressen für dich! Mit der linken Hand machet diese Figur das, was die Welschen eine Feige (weibliches Geschlechts) Fica nennen, (die Frucht aber heißt allezeit fico), welches Wort die weibliche Natur bedeutet, und wird gezeiget durch den Daum, welcher zwischen den Zeigefinger und zwischen den mittlern Finger geleget wird, so daß derselbe zwischen beyden als eine Zunge zwischen den Lippen zu sehen ist. Man nennet dieses auch Far castagne, von der Spalte, womit man die Schaale der Castanien aufschlitzet, um dieselben geschwinder zu sieden. Eben dieses macht ein kleiner Arm von Erzt, welcher auf dem andern Ende sich in einen Priapus (Glied) endiget, und es finden sich daselbst andere diesem ähnliche aber platt geschlagene Arme. Dieses waren, wie bekannt ist, Amuleta bey den Alten, oder Gehenke, welche man wider

das

40 Sendschreiben

das Beschreyen, wider ein böses Auge und wider die Zauberey trug, und es hat sich dieser lächerliche und schändliche Aberglauben noch itzo unter dem gemeinen Volke im Neapelschen erhalten; wie man mich verschiedene dergleichen Priapen an Personen, die dieselbe am Arme oder auf der Brust trugen, sehen lassen. Es wird sonderlich ein halber Mond von Silber am Arme getragen, welchen der Pöbel Luna pezzura heißt, das ist, der spitzige Mond, und dieser soll wider die fallende Sucht helfen: es muß derselbe aber von selbst gesammleten Almosen gemacht werden, und man trägt ihn zum Priester, welcher ihn einsegnet: dieser Misbrauch ist bekannt, und wird geduldet. Vielleicht dieneten die vielen halben Monde von Silber, in dem Museo, zu eben diesem Aberglauben. Die Athenienser trugen dieselben an dem Fersenleder der Schuhe unter dem Knöchel. Unter den Priapen (Gliedern) sind andere mit Flügeln und mit Glöckchen, welche an geflochtenen Ketten hiengen; hinten endigt sich das Glied mit dem Hintertheile eines Löwen: mit der linken Klaue kratzet er sich unter dem Flügel, wie es die Tauben machen, wenn sie verliebt sind, um sich, wie man glaubet, zur Wollust zu erhitzen. Die Glöckchen sind aus einem mit Silber versetzten Metalle, und das Geräusch derselben sollte vielleicht eine ähnliche Wirkung haben mit den Glocken [1]) an den Schildern der Alten; hier sollten sie Furcht erwecken, und dort etwa die bösen Genios zurück treiben. Die Glocken waren im übrigen auch Kennzeichen derjenigen [2]), die zum geheimen Gottesdienste des Bacchus waren eingeweihet worden.

Ich erinnere hier mit ein paar Worten, daß die mehresten Werke von Erzt in diesem Museo, da dieselben in der Ergänzung und Ausbesserung ins Feuer gebracht werden müssen, ihren alten ehrwürdigen Rost verloren haben, welches eine grünliche Oberhaut ist, die im Welschen mit dem Worte patina bedeutet wird. Man hat ihnen von neuem eine ähnliche Farbe gegeben, die sich aber von der alten Patina sehr unterscheidet,

---

1) Aeschyl. Sept. contr. Theb. v. 391.
2) v. Descr. des Pier. gr. du Cab. de Stosch, p. 22. 23.

von den Herculanischen Entdeckungen.

scheidet, und an einigen Köpfen widerwärtig aussieht. Man saget, der Kopf des schönen Mercurius sey in hundert Stücken zerdrückt gefunden; welche Zahl man nicht strenge zu nehmen hat: aber auch in der geringsten neuen Löthung springt die alte Bekleidung ab, und es würde einen Uebelstand verursachen, die Figuren schäbigt zu lassen. Daher ist man genöthiget, die Wirkung des Alterthums, so gut man kann, nachzuahmen; man hat auch der mit Silber eingelegten Arbeit nachhelfen müssen.

Von Inschriften, welche ich an dieses Stück anzuhängen gesagt habe, will ich besonders zwo anführen; die erste ist noch nicht bekannt gemacht; die letzte giebt Martorelli in seinem mehrmal angeführten Buche, welches aber itzo nicht leicht jemanden, auch selbst in Neapel, zu Gesichte kommen wird. Jene stehet auf der Mauer eines Hauses, welche völlig heraus gebracht ist, und in die Zimmer der alten Gemälde gesetzet worden; es enthält dieselbe eine Ankündigung von Verpachtung von Bädern und von Trink- und Speise-Orten, und ist die einzige in ihrer Art.

IN PRAEDIS IVLIAE SP. F. FELICIS
LOCANTVR
BALNEVM VENERIVM ET NONGENTVM TABERNAE
PERGVLAE
CAENACVLA EX IDIBVS AVG. PRIMIS. IN. IDVS. AVG. SEXTAS.
ANNOS CONTINVOS QVINQVE
S. Q. D. L. E. N. C.
A. SVETTIVM. VERVM. AED.

Auf dieser Mauer war vorher eine andere Inschrift in schwarzer Farbe, und vermuthlich eine Pacht-Ankündigung, gewesen, über welche gegenwärtige Inschrift mit rother Farbe gesetzet ist. Ich habe nur in einigen Buchstaben die eigentliche Form derselben angegeben, weil ich die Inschrift ganz verstohlen habe nehmen müssen, indem es nicht möglich war,

dieselbe

dieselbe offenbar nachzuzeichnen. Die einzelnen Buchstaben der siebenten Reihe, werden eine damals bekannte Formel gewesen seyn, und wären etwa also zu erklären:

Si Quis Dominam Loci Eius Non Cognoverit
Adeat Suettium Verum Aedilem.

das ist, „Sollte jemand die Besitzerinn dieses Orts oder Guts nicht „kennen, derselbe kann sich melden bey dem Aedilis Suettius Verus.„ Die Besitzerinn hieß Julia; ihr Vater Spurius Felix. Die Pachtungen wurden bey den alten Römern, wie hier, insgemein auf fünf Jahre geschlossen, wie man sich in den Digestis belehren kann. Pergula war in der gewöhnlichsten Bedeutung das, was wir eine Laube nennen würden, und diese werden in den schönsten Ländern von Italien insgemein mit kreuzweis gebundenen Rohrstäben sehr zierlich gemacht; dieses Rohr aber ist ungemein stärker und länger, als in Deutschland und in andern Ländern jenseit der Alpen, theils weil es hier stärker wächst, vornehmlich aber, weil es gepflanzet, und der Boden umher behauen und locker gemacht wird, und weil es überhaupt mehr Wartung hat: es wird daher ein Rohrfeld als ein nöthiges und nützliches Grundstück bey Landgütern angesehen. In und um Rom wird aller Wein an Rohrstäbe gebunden. Die übrigen Bedeutungen von dem Worte Pergula, welche hierher nicht gehören, kann man anderwärts [1]) finden. Caenacula sind hier Zimmer bey Trink- und Lusthäusern für diejenigen, welche sich ein Vergnügen zu machen gedachten. Man merke hier bey Gelegenheit eine Inschrift, welche zwar in dem Register des Gruterischen Werks angeführt ist, aber ohne Anzeige des Orts, wo dieselbe steht:

HVIVS. MONVMENTI. SI. QVA. MACERIA.
CLVSVM. EST. CVM. TABERNA. ET. CENACVLO.
HEREDES. NON. SEQVETVR.
NEQVE. INTRA. MACERIAM. HVMARI.
QVEMQVAM. LICET.

Es

[1]) Salmas. Not. in Spartian. p. 155. F. p. 458. E. edit. Paris. Voss. Etymol. v. Pergula.

von den Herculanischen Entdeckungen.

Es ist dieselbe an der Ueberfahrt des Flusses Garigliano, vor Alters Liris, an einem Thurme eingemauert.

Einige andere Inschriften haben zum Theil keine Erklärung nöthig; wo aber etwas zu merken ist, überlasse ich es andern.

IVLIA. GERM . . . . .
AGRIPPINAE. TI. CLA . . . .
PONT. MAX . . . .
L. MAM . . .

DIVAE. AVGVSTAE.
L. MAMMIVS. MAXIMVS. P. S.

ANTONIAE. AVGVSTAE. MATRI. CLAVDI.
CAESARIS. AVGVSTI. GERMANICI. PONTIF. MAX.
L. MAMMIVS. MAXIMVS. P. S.

Auf einer Tafel von Erzt stehet:

MAMMIO. MAXIMO.
AVGVSTALI.
MVNICIPES. ET. INCOLAE.
AERE. CONLATO.

BALBI. L. EVTYCHO
LOCVM. SEPVLTVR.
D. D.

Q. LOLLIVS. SCYLAX. ET.
CALIDIA. ANTIOCHVS. MATER.
M. CALIDIVS. NASTA. IOVI.
V. S. L. M.

THERMAE
M. CRASSI. FRVGI.
AQVA. MARINA. ET. BALN.
AQVA. DVLCI. IANVARIVS. L.

Folgende Inschrift auf dem Basamente zu einer Statue, vermuthlich der Venus, ist nicht aus den Herculanischen Crüften, sondern bey Baja gefunden, und stehet in dem Hofe des Musei.

VENERI. PRODAE. SANCTISS. SACR.
TI. CLAVDIVS. MARCION.
SALVE. MILLE. ANIMARVM. INLVSTRI. CENARE. OPVS. SALVE.
PVLCHRI. ONERIS. PORTATRIX. IN. EXVPERABILF. DONVM.
RERVM. HVMANARVM. DIVINARVMQVE. MAGISTRA.
MATRIX. SERVATRIX. AMATRIX. SACRIFICATRIX.
SALVE. MILLE. ANIMARVM. INLVSTRI. CENARE. OPVS. SALVE.

Diese Inschrift ist von der spätern Zeit, und das Sylbenmaaß ist sehr unrichtig, wie es sich in andern Inschriften gleiches Alters findet. Die dritte Zeile ist sehr dunkel. Martorelli p. 373. lieset dieselbe in folgender Ordnung: Salve Venus, opus eſt nos cenare cum illuſtri mille animarum, ſalve; und erkläret dieselbe also: Iuvat nos commiſceri [μίγνυϑαι] cum innumera gente illuſtri elegantique forma praedita. Diese seine Erklärung bestehet auf diejenige Bedeutung des Worts coenare, welche er beym Suetonius in der Sinnschrift auf das Abendessen des Augustus (Aug. c. 72.) δωδεκάτος genannt, wo die eingeladenen Personen, wie die zwölf Götter und Göttinnen, und Augustus wie Apollo gekleidet waren, zu finden vermeynet. In derselben heißt der vierte Vers:

Dum nova Divorum coenat adulteria.

Er beruft sich auf den Martialis, wo dieses Wort an vielen Orten in dieser unzüchtigen Bedeutung stehe; die ich aber nirgend bey diesem Dichter finde.

von den Herculanischen Entdeckungen.

Auf einem geschnittenen Steine steht mit erhabenen weißen Buchstaben:

ΛΕΓΟΥΣΙΝ   Sie reden;

ΑΘΕΛΟΥΣΙΝ   was sie wollen,

ΛΕΓΕΤѠCAN   mögen sie reden:

TIΜΛΕΛΙCOI   was kümmerts mich.
^{Sic}

Unter vielen so genannten Siegeln oder Merken in Erzt, will ich nur eines anführen, wegen der in einander gezogenen Buchstaben

M⋅A L̇I⋅PLE ONS
M. STATILII. PHILERONIS.

In diesem ersten Theile des vierten Stücks dieses Sendschreibens folgen nach den Sachen der Kunst im engern Verstande, die Geräthe, welche ich unter zwo Arten fassen will, so daß ich zuerst die nothwendigen, und zum zweyten die Geräthe, welche der Ueberfluß und die Ueppigkeit eingeführet, berühre.

In der ersten Art fange ich an bey dem Brodte, (welches mir erlaubt sey, unter diesem Titel zu begreifen), wovon sich zwey völlig erhalten finden, und von gleicher Größe, einen Palm und zwo Zolle im Durchschnitte, und fünf Zolle in der Dicke. Beyde haben acht Einschnitte, das ist, sie sind zu erst ins Kreuz getheilet, und diese vier Theile sind von neuem durchschnitten; so wie zween Brodte auf einem Herculanischen Gemälde [1]) gestaltet sind. Dasjenige, welches zuerst gefunden ist, wurde in Kupfer gebracht, in eines Ungenannten Nachrichten vom Herculano [2]), welche Gori drucken ließ. Eben so getheilt waren die Brodte der ältesten Griechen, die daher ὀκτάβλωμοι vom Hesiodus genennet werden, das ist, wie es andere erklären, die acht Einschnitte haben. Zuweilen aber waren die Brödte nur ins Kreuz geschnitten,

1) Pitt. Erc. T. 2. p. 141.
2) Notiz. sopra l'Ercol. in Symb. litter. Vol. I. p. 138.

schnitten, wie ich an einem andern Orte³) angemerket habe, und ein solches Brodt hieß daher Quadra ⁴),

Et mihi diuiduo findetur munere quadra.

bey den Griechen τετράτρυφο; wovon die Redensart kam, aliena viuere quadra, „von anderer Tische leben.„

Zu dem Brodte setze ich die Weingefäße, welche von zweyfacher Art sind; die größeren hießen Dolia, und die kleineren Amphorae, und beyde sind von gebrannter Erde. Den Alten waren Tonnen von Stäben oder Tauben gebunden nicht unbekannt: Es findet sich in dem Museo des Collegii Romani eine irdene Lampe, auf welcher zwo Personen eine Tonne mit Reifen gebunden an einer Stange tragen; man siehet dergleichen auf geschnittenen Steinen, wie ich anderwärts⁵) gemeldet habe, und auch auf der Trajanischen und der Antoninischen Säule; aber der Gebrauch derselben scheinet nur vornehmlich im Felde gewesen zu seyn. An statt unserer Fässer hatten die Alten Dolia, in Gestalt eines runden Kürbis; und dieselben hielten insgemein achtzehen Amphorae, wie dieses Maaß auf einem solchen Gefäße in der Villa Albani eingeschnitten zu sehen ist. Von dieser Art war das sogenannte Faß, worinnen Diogenes wohnete, und welches derselbe in der Belagerung von Corinth auf und nieder wälzete. Die Mündung ist etwa einen Palm im Durchschnitte. Im alten Herculano wurde ein Keller entdecket, und umher solche irdene Fässer eingemauert; woraus zu schließen wäre, daß die Alten ihren Wein verschieden von unserer Art gemacht. Denn der Wein konnte nicht aus der Kelter unmittelbar in das Faß laufen, wie an einigen Orten geschiehet, wo derselbe Raum zu gähren und zu brausen hat. Es mußte der Most in diese unbewegliche Gefäße mit Eimern geschüttet werden; und da dieselben nicht viel fassen konnten, so kann kein Raum zum gähren für den Most geblieben seyn. Hieraus wäre zu begreifen, warum

---

3) Descr. des Pier. gr. du Cab. de Stosch. p. 72. 73.
4) Scalig Not. in Morel. in Catalect. Virg. p. 429. ed. Lugd. 1573, 8.
5) Descr. etc. p. 250.

von den Herculanischen Entdeckungen. 47

warum die Alten ihre Weine viele Jahre mußten reif werden laßen, so daß der Wein zu Albano bey Rom, nach dem Plinius, allererst nach zwanzig Jahren getrunken wurde, welcher itzo im ersten Jahre trinkbar und gut wird. Es sollte daher fast scheinen, daß der Alten ihre Weine vor ein hohes Alter derselben trübe geblieben wären, welches sie nöthigte, den Wein auf der Tafel oder vorher durchzuseigen, durch ein Werkzeug welches Ἡθμος, Colum Vinarium hieß: zwey von denselben finden sich in dem Herculanischen Museo, aus weißem Metalle, auf das zierlichste gearbeitet. Es sind zwo runde tiefe Schüsseln, einen halben Palm im Durchmesser, mit einem platten Stiele, so daß eine ganz genau in die andere passet; auch die Stiele schließen so dicht an einander, daß es nur ein einziges Gefäß scheinet. Das obere ist nach einem besondern Muster völlig durchlöchert, und durch daßelbe wurde der Wein jedesmal gegoßen in die untere Schale, die nicht durchlöchert ist, und von dieser in den Becher.

Die kleinern Weingefäße, Amphorae, sind bey nahe Walzenförmig, so daß das untere Ende spitz zugeht, und oben haben sie zween Henkel. Im Herculano und zu Pompeji sind verschiedene mit angemalter Schrift gefunden, und ich erinnere mich der Inschrift auf einem derselben:

HERCVLANENSES
NONIO....

Die Herculaner setzten den Namen des Nonius, ihres Prätors, auf ihre Gefäße, wie die Römer die Namen ihrer Consuls. Es war noch vor einiger Zeit in diesen Gegenden der Gebrauch, wenn ein Kind gebohren wurde, irdene Gefäße mit Wein einzugraben, und uneröffnet stehen zu laßen, bis sich daßelbe verheurathete. Diese Gefäße sind unten spitz, um dieselben in die Erde fest zu stellen, und man hat auch zu Pompeji einige in Löchern eines platten Gewölbes in einem Keller stehen gefunden. Dieser Keller ist durch das platte Gewölbe, oder durch eine Horizontal-Mauer, von acht Römischen Palmen breit, in zween Raume, einen
untern

untern und einen obern, getheilet: das Gewölbe von dem obern Raume ist convex, wie gewöhnlich, und ein jedes hat nicht mehr als Mannes Höhe. Der Wein in einem dieser Gefäße ist wie versteinert, und braunschwarz von Farbe, welches zu glauben veranlasset hat, daß dieses Behältniß also angeleget worden, den Wein zu räuchern, wie die Alten pflegten, um denselben zu reinigen und geschwinder zur Reife zu bringen: mir aber scheinet der niedrige Raum des untern Kellers dieses zu widersprechen. Der in einen festen Körper verwandelte Wein wird in dem Museo gezeiget.

Ferner gehören zu dieser Art Geräthe die Dreyfüße, nicht wie diejenigen sind, von welchen ich reden werde, sondern wie dieselben anfänglich waren, wenn ich Gestelle von drey Füßen verstehe, wie der Tisch des Philemons und der Baucis in der Fabel ist, auf welchem Jupiter sich gefallen ließ zu speisen.

- - - mensam succincta tremensque
Ponit anus, mensae sed erat pes tertius impar;
Testa parem facit.
Ovid. Metam.

Denn Dreyfüße hießen bey den Griechen nicht allein, die über Feuer gesetzet wurden, sondern auch Tische, und so hießen diese noch in den üppigsten Zeiten, wie wir aus den prächtigen Aufzügen des Ptolemäus Philadelphus zu Alexandrien, und Königs Antiochus Epiphanes, zu Antiochia, welche beym Athenäus beschrieben sind, ersehen: diese hießen [1] ἄπυροι, die andern [2] ἐμπυριβῆται und λοετροχόοι.

Unter den Dreyfüßen und zwar denen, welche bey den Opfern dieneten, sind hier zween unter den schönsten Entdeckungen besonders zu merken, beyde etwa vier Palmen hoch. Der eine ist im Herculano gefunden, und die drey Füße desselben bilden drey Priapen, aber mit Ziegenfüßen,

---

[1] Casaub. in Athen. Deipn. L. 10. c. 4. p. 447. l. 50.
[2] Hadr. Iun. Animadv.. l. 2. c. 3. p. 64.

von den Herculanischen Entdeckungen.

füßen, welche an jedem in einen Fuß vereiniget sind. Die Schwänze derselben von hinten an dem heiligen Beine stehen gerade und horizontal, und schlingen sich um einen Ring in der Mitten des Dreyfußes, wodurch derselbe, wie durch das Kreuz an gemeinen Tischen, zusammen gehalten wird. Der andere Dreyfuß wurde später, als jener, zu Pompeji, wie ich gemeldet habe, gefunden, und ist wunderbar schön gearbeitet. Auf den Füßen, wo dieselben sich krümmen und die Gratie machen, sitzet auf jedem ein Sphinx, deren Seitenhaare, welche über die Backen herunter hängen würden, herauf genommen sind, so daß sie unter das Diadema gehen, und über dasselbe wiederum herunter fallen. Es können dieselben, sonderlich an einem Dreyfuße des Apollo, ihre allegorische Deutung auf die dunkeln und räthselhaften Aussprüche des Orakels desselben haben. An dem breiten Rande um der Pfanne umher sind abgezogene Köpfe von Widdern mit Blumenkränzen zusammen gehänget, erhoben gearbeitet; und alle Stücke an demselben sind voll Zierrathen geschnitzet. In diesen heiligen Dreyfüßen war die Pfanne, in welche die Kohlen geschüttet wurden, von gebrannter Erde, welche sich in dem einen, nehmlich dem Pompejanischen, mit sammt der Asche, erhalten hat. In einem Tempel des Herculanum, dessen Entdeckung, ich weiß nicht aus was Ursache, nicht vollendet wurde, fand sich im vorigen Jahre 1761. eine große vier= eckigte Feuerpfanne oder ein Herd von Erzt, von der Art, welche in Italien in große Zimmer, dieselben zu heizen, gesetzt werden; es war dieselbe in der Größe eines mäßigen Tisches, und stand auf Löwentatzen. Der Rand desselben ist mit Laubwerke von verschiedenem Metalle, Kupfer, Erzt und Silber künstlich ausgelegt. Der Boden desselben war ein starker eiserner Rost, welcher aber unterwärts so wohl als inwendig mit Ziegeln beleget und ausgemauert war, so daß also die Kohlen den Rost von oben nicht berühreten, und nicht durch denselben unterwärts fallen konnten. Es ist dieses Werk aber völlig zerstücket heraus gebracht.

Zu nothwendigen Geräthen gehören auch die Lampen, in welchen die Alten, da gezogene oder gegossene Lichte wenig und nicht allgemein

G üblich

üblich waren, Zierlichkeit und auch Pracht anzubringen suchten. In dem Museo sind von allen Arten derselben, so wohl von gebrannter Erde, als vornehmlich von Erzt; und da der Alten ihre Zierrathen selten ohne Bedeutung sind, so finden sich auf denselben besondere Anspielungen. Unter denen von gebrannter Erde stellet die größte eine Barke vor mit sieben Schnäuzen zu so viel Dachten auf jeder Seite. Das Gefäß, Oel in irdene Lampen zu gießen, ist wie ein Schiffchen gestaltet, oben zu und gewölbet, mit einer spitzigen Schnauze, und auf dem anderen Ende mit einem kleinen etwas hohlen Teller, durch dessen Mitte in dieses Gießgefäß Oel hinein gethan wurde. Unter denen von Erzt sitzet auf dem hintern Ende der einen von den größten Lampen eine Fledermaus mit ausgebreiteten Flügeln, als ein Sinnbild der Nacht: die Flügel sind mit ihrem ganzen feinen Gewebe von Sehnen, Aederchen und von Häuten auf das künstlichste ausgearbeitet. Auf einer andern sitzet gegen der Schnauze zu eine Maus, welche zu lauren scheinet, um Oel zu lecken, und an eben dem Orte sitzet auf einer andern Lampe ein Caninchen, welches Kraut frißt. Die Pracht in ihren Lampen siehet man an einem Gestelle von Erzt: auf einer viereckigten ausgepfalzten Base stehet ein nackendes Kind von zween Palmen hoch, welches eine Lampe hält, die an drey vierfach geflochtenen Ketten hängt; mit der andern Hand hebet es eine andere Kette, wie jene sind, in die Höhe, an welcher ein Haken zum Dachte hängt. Neben demselben stehet eine Säule mit Reifen, die spiralmäßig gedrehet sind, und oben auf derselben an statt des Capitals liegt eine Larve, die gleichfalls zur Lampe dienet, so daß der Dacht aus dem Munde gieng, und das Oel wurde in dem Wirbel des Kopfs hinein gegossen, welche Oeffnung durch ein Kläppchen verschlossen wird.

Die Träger der Lampen sind die Leuchter der Alten, (Candelabra) welche wie unsere Gueridons waren, und diese sind gleichfalls auf das zierlichste ausgearbeitet: der Schaft ist gereist; der untere Teller ruhet insgemein auf drey Löwentatzen, und dieser so wohl, als der obere Teller,

sind

sind auf der Drehbank ausgedrechselt, und mit zierlichen Eyern am Rande, nebst Blumenwerk auf der Fläche geschnitzet: der untere Teller des größten Leuchters hat einen Palm und einen Zoll Römisches Maaß im Durchmesser. Ich glaube, daß sich an hundert in dem Museo befinden, und der größte ist achtehalb Palmen hoch. Ganz Rom hat keinen einzigen Leuchter von Erzt aufzuweisen. Durch dieselben verstehen wir itzo, wenn Vitruvius unter den Klagen über den verderbten Geschmack seiner Zeit saget, daß man Säulen mache wie Leuchter, das ist, so dünne und außer dem Verhältnisse, wie der Schaft der Leuchter.

Ein nothwendiges Geräthe sind auch die Waagen, von welchen sich keine mit zwo Waagschalen, wie man sie auf einigen Münzen sieht, weder in diesen Entdeckungen noch anderwärts gefunden haben; sie sind alle wie die wir Unzelte, von Unze, nennen, das ist ein Waagebalken oder Stange, auf welchem das Gewicht im Verhältnisse wächst, je näher es gegen das Ende des Balkens gerücket wird. Dieses Gewicht ist insgemein ein kleines Brustbild einer Gottheit; an einer Waage ist es ein Kopf einer Africa, wie man auf Münzen sieht. Auf einer Waagestange lieset man TI. CLAVD. EXACT. CVRA. AEDIL. Diese Waagen haben alle eine Waagschaale, an statt der Haaken an den unsrigen von dieser Art, und diese Schaale hängt in drey oder vier künstlichen Ketten, welche durch eine runde Platte gezogen sind, um die Ketten näher oder weiter von der Schaale zusammen zu halten. Gewichte finden sich in dem Museo in großer Menge und von aller Art; ich will aber nur zwey platte länglich eckigte Gewichte von Bley anführen, so wie sie noch itzo bey Fischverkäufern in diesen Gegenden gebräuchlich sind: auf einer Seite stehet in erhabenen Buchstaben: EME; und auf der andern: HABEBIS.

Die Waagschaalen erinnern mich der Stücke eines Rades vom Wagen, welche in dem Hofe des Musei liegen, nämlich einer Radeschiene aus einem Stücke geschmiedet, welche sechs Römische Palmen im Durchmesser hat, und nicht völlig zween Zoll breit, aber ein Zoll dick ist: das

Holz, welches an dem Eisen hängen geblieben, ist versteinert. Ferner hat sich von diesem Rade ein Stück der Walze, welche um die Axe läuft, erhalten, die umher mit Eisen beschlagen, und über das Eisen mit einer Platte von Erzt belegt ist, und diese ist mit platten Nägeln von Erzt befestiget. In dem Museo selbst findet sich ein Löwenkopf auf einem Stücke einer Platte von Erzt, von welcher er hervor springt, dessen Maul nicht durchgebohret ist, und also nicht kann gedienet haben, das Wasser eines Brunnen oder in Bädern aus demselben laufen zu lassen. Ich muthmaße, daß dieses Stück von einer Capsel sey, welche auf der Axe vor dem Rade aufgeschroben wurde, damit dieses nicht ablaufen konnte, an dessen Stelle an den gemeinen Wagen, wie bey uns, eiserne Keile vorgestecket wurden, die im Welschen aciarini heißen, und bey den Griechen παραξόνια, ἐμβολοί und ἐνήλατα, und die vierecktigte gebogene Platte auf demselben, den Staub abzuhalten, war bereits zu des Homerus Zeiten, und hieß [1]) ὑπερτερία. Wir sehen das äußerste Ende der Axe mit solchen Capseln, die einen erhobenen Löwenkopf haben, verwahret, auf einigen alten Werken, und namentlich an dem Triumphwagen des Marcus Aurelius im Campidoglio; folglich sind auch dergleichen vorgeschrobene Capseln von Stahl, die zu unsern Zeiten sonderlich an Reisewagen in Gebrauch gekommen, nichts neues, und der Alten ihre waren vorzüglich von Erzte. Es waren auch die Deichseln der Wagen an dem äußersten Ende mit einem geschnitzten Löwenkopfe gezieret, und mich deucht, daß Herr Graf Caylus sich irre, wenn er behaupten will, es hätten die Wagen in den Wettläufen der Alten keine Deichsel gehabt [2]), wovon ich das Gegentheil zu seiner Zeit aus Denkmaalen erweisen will; hier führe ich unten angeführte Stelle des Pindarus [3]) zu dessen Belehrung an. Mehr Beweise kann man in der Electra des Sophocles und dem Hippolytus des Euripides finden.

Ich

1) Odyss. ζ. v. 70.   2) Observ. sur le Costume p. LXXIX.
3) Nem. 7. v. 137 seq.

von den Herculanischen Entdeckungen. 53

Ich war nicht gesonnen, hier von dem Geräthe an den Thüren der Alten zu reden, wovon ich die ausführlichen Anmerkungen bis zur zweyten Auflage meiner Anmerkungen über die Baukunst versparen wollte; ich kann mich aber dennoch nicht enthalten, etwas davon zu berühren. Man muß erstlich wissen, daß die Thüren der Alten in keinen Haspen hiengen, sondern sich unten in der Schwelle und oben in dem Balken bewegten, und dieses vermittelst dessen, was wir Thürangeln, (Cardines) aber ohne Begriffe, nennen; es findet sich auch in keiner neuen Sprache ein bequemes und bedeutendes Wort dazu. Derjenige Balken der beweglichen Thüre, welcher an der Mauer steht, war unten und oben in eine Capsel von Erzt gesetzt, die inwendig einen spitzigen Vorsprung hatte, um zu verhindern, daß sich das Holz in derselben nicht drehen konnte. Diese Capsel ist gewöhnlich ein Cylinder; es finden sich aber auch viereckigte, welche auf allen Seiten zween vorspringende Pfalze haben, um die Bretter, aus welchen starke Thüren zusammen gesetzet waren, auf allen Seiten zu befestigen, welche Thüren inwendig hohl waren. Das viereckigte Stück ist also gestaltet:

Diese Capsel stand auf einer dicken Platte von Erzt, welche keilförmig zugieng, und oben und unten mit Bley eingegossen war, und auf dieselbe lief die Capsel dergestalt, daß, wenn dieselbe unten eine halbe Kugel (A) hatte, in der Platte eine hohle Vertiefung war, in welche das convexe Theil lief, wie an der Thüre des Pantheon; und wenn die Capsel unten offen war, so hatte die Platte eine erhobene Halbkugel, die genau in die Oeffnung der Capsel passete. Diese Capsel nebst der Platte hieß Cardo. Es finden sich in dem Museo einige von einem Palme im Durchmesser, welche von der Größe der Thüren zeugen, und sie wiegen zwanzig, dreyßig bis vierzig Pfund. Durch diesen Begriff werden manche Stellen der alten Scribenten deutlicher werden, die es nicht seyn konnten, in einer irrigen oder dunkeln Vorstellung von diesem Theile der Thüren. Wenn die Thüren der Alten mit zween Schlägen (bivalvae) waren, so hieng entweder jeder Schlag besonders auf beschriebene Weise in Angeln; wie an dem Pantheon zu Rom, oder sie dreheten sich nur auf einer Seite, und die Thüre konnte zusammengeschlagen werden. Diese gebrochenen Thüren legten sich, vermittelst einer Art von Haspen von Erzt, deren Gewinde innerhalb des Holzes, aber sichtbar, lag; die beyden spitz zu laufenden Stäbe dieser Angeln aber waren nicht zu sehen, und auf beyden Seiten von der gedoppelten Thüre bekleidet. Dieses siehet man deutlich an einer dieser mittlern Angeln, wo auf beyden Seiten der Stäbe versteinertes Holz angehängt geblieben ist.

Ich schließe diese Geräthe mit einer Art von Sohlen, welche von Stricken zusammengeleget waren, die sich in verschiedner Größe für Kinder und für erwachsene Personen gefunden haben, so wie noch itzo die Licaner dergleichen Art Sohlen unter den Fuß binden.

Unter den Geräthen von der zweyten Art fange ich an, von einigen besondern Gefäßen, und die vornehmsten und schönsten sind diejenigen, welche zu heiligen Gebräuchen und Verrichtungen dieneten oder bestimmet waren. Eins von der zierlichsten Arbeit scheinet ein Wassereymer bey Opfern (praefericulum) gewesen zu seyn, welches zween Palmen und zween Zolle hoch ist, mit einem beweglichen Bogenhenkel zum tragen, welcher niedergelassen genau an den Rand desselben passet, und wie das Gefäß selbst, auf der breiten Seite mit Laubwerk, und auf dem äußern Rande mit andern Zierrathen geschnitzet ist. Außer diesem Henkel hat dasselbe zwo große und zwo kleine Handhaben; jene bilden, wo sie unterwärts anliegen, ein weibliches Brustbild, welches auf einem Schwane mit ausgebreiteten Flügeln getragen wird, alles in erhobener Arbeit: die unteren und kleineren Handhaben endigen sich unterwärts in Schwanenhälse. Dieses Gefäß wurde bey nahe ganz mit geschmolzenem Eisen umge-

umgeben gefunden, wovon man ein Stück, welches den Eindruck des Bauchs zeiget, aufbehalten hat. An dem Orte der Entdeckung fand sich ein Haufen eiserne Nägel, welche noch nicht gebraucht waren, nebst ein paar Dintenfässer voll Dinte, so daß hier schien ein Kramladen gewesen zu seyn. Es wurde auch die große goldene Münze des Augustus hier gefunden, die zu Ende des Vorberichts zu dem zweyten Bande der Herculanischen Gemälde in Kupfer gestochen ist. Auf einem solchen Gefäße, welches wenig kleiner und von eben der Form ist, stehet an der untern Befestigung einer Handhebe die Liebe mit einer Trinkschaale, (Cantharus) in einer Hand, und in der andern mit einem Horne zum trinken, erhoben gearbeitet: die Schaale, das Horn und die Flügel sind von Silber. Es sind auch Formen von gebrannter Erde gefunden, in welchen die Handheben der Gefäße gegossen wurden. Hier fällt mir ein ein länglich rundes Gefäß, wie ein kleiner Eimer von Silber, mit einem Henkel zum tragen, auf welchem, wo ich nicht irre, von getriebener Arbeit Hyllus vorgestellet ist, wie er von den Nymphen entführet wurde, da ihn Hercules ausgeschicket hatte, Wasser zu hohlen.

Eine andere Art von heiligen Gefäßen waren die Opferschaalen (Paterae) zur Libation, und diese sind hier unzählig, und die mehresten von weißem Metalle, und auf das zierlichste auf der Drechselbank von außen so wohl als von innen ausgedrehet. In einigen ist in der Mitten eine Art Münze mit erhabener Arbeit geschnitzet; und ich erinnere mich einer Vittorie auf einer Quadriga. Der Stiel derselben ist rund, und insgemein der Länge nach mit hohlen Reifen umher, und endiget sich in einen Widderkopf; einige haben an dessen statt einen Schwanenkopf und Hals. An einer der größten und schönsten, welche neben dem schönen Pompejanischen Dreyfuße liegt, ist der Stiel ein stehender Schwan, durch dessen ausgebreitete Füße derselbe an der Schaale befestiget ist. Bisher sind Schaalen von dieser Art alle für Opferschaalen gehalten; durch eine hiesige Entdeckung aber findet sich, daß dieselben von eben der Form auch in Bädern gebrauchet worden, und dieses durch ein Gebund von

von Schabezeugen (Strigiles), die mit einer **Patera**, aber mit einem breiten Stiele, in einen platten Ring von Erzt, wie wir es mit Schlüsseln zu thun pflegen, eingespannet waren: diese werden also gedienet haben, das Wasser über den Leib zu gießen. Andere, aber tiefere Schaalen mit einem breiten Stiele, waren Küchengeräthe, und denen ähnlich, die wir über die Castrole setzen.

Unter manchen hiesigen Entdeckungen, welche uns überzeugen, daß wenig neues gemacht wird, was nicht ehemals schon gewesen, sind auch silberne Tassen, nämlich untere und obere Schaalen, von eben der Form und Größe, wie die unsrigen zum Thee sind, und jene sind außerordentlich schön getrieben und geschnitzet. Diese Gefäße hatten eben den Gebrauch, wie die unsrigen itzo; sie dieneten zum warmen Wasser trinken, und es waren bey den Römern eigene Häuser, wo man dasselbe nahm, wie unsere Caffehäuser. Es sind drey Paar derselben in dem Musco.

Diese silbernen Schaalen geben Gelegenheit, von einem Gefäße von Silber zu reden, welches die Form eines Mörsels hat, und etwa anderthalb Pfund wieget. Auf demselben ist in flach erhobener Arbeit Homerus, auf einem fliegenden Adler getragen, vorgestellet, welcher sich mit der rechten Hand das Kinn unterstützet, und wie in hohen Betrachtungen mit erhabenem Haupte; in der linken hält er eine gerollete Schrift, das ist, sein Gedicht. Ueber dessen Haupte schweben Schwäne unter hängenden Blumenkränzen. Dieses Stück hat Hr. Graf **Caylus**, aber ohne das folgende, in dem dritten Bande seiner Sammlung von Alterthümern vorgestellet, so wie es ihm aus dem Gedächtnisse gezeichnet mitgetheilet worden. Auf beyden Seiten sitzen unterwärts zwo weibliche Figuren auf Laubwerke von Eichen; die zur Rechten ist bewaffnet mit Schild und Spieß, nebst einem kurzen Degen unter dem Arme, und bildet die Ilias ab; die zur Linken, mit einem conischen Hute ohne Krempen, wie Ulysses, schlägt ein Bein über das andere, und berühret die Stirn mit der rechten Hand, wie voller tiefen Gedanken, und stellet die Odyssea vor. Mar-

Martorelli hatte diese Figuren für Männer angesehen [1]), welches er in den Zusätzen seines Buchs [2]) verbessert. Aber Herr Bajardi, welcher reichlich zu Beschreibung dieser Schätze bezahlet war, und dieselben mit mehr Muße als andere sehen und betrachten konnte, machet unverantwortlich aus dem Homerus einen Julius Cäsar [3]), welcher, wenn ihm dessen Bild auch nicht bekannt gewesen wäre, wenigstens keinen Bart getragen hat. Seinem Cäsar setzet er zur Seite eine weinende Roma, welche er sich an der Ilias vorstellete, und aus der Odyssea weiß er nichts zu machen, als einen Soldaten. An einem andern Orte taufet er einen Hercules, welcher nach den Stymphalischen Vögeln schießet, einen Jäger der Wasservögel: Weiber und Männer verwechselt er mehr als einmal. Auf einer kleinen ovalen silbernen Platte ist von getriebener Arbeit ein Satyr, welcher eine Leyer spielet: dieser erinnerte mich bey dem ersten Anblicke desjenigen Flötenspielers von Aspendus unter den Statuen des C. Verres, an dem man, wie Cicero sagt, erkannte, daß er nur für sich selbst spiele, ohne sich zu bekümmern, von jemand gehöret zu werden: eben so vertieft ist diese Figur in ihrer Harmonie.

Gefäße, die der Ueberfluß erfunden, waren diejenigen, in welcher die Alten eine Art Feldmäuse, die sich in Castanienwäldern aufhalten und nähren, fütterten und fett machten. Diese Gefäße sind von gebrannter Erde etwa drey Palme hoch, und drittehalb im Durchmesser, mit einer mäßig großen Mündung, in welchen inwendig umher stufenweis halbrunde Tröge ebenfalls aus Thone sind, für das Futter dieser Thiere. Dieses Gefäß oder Behältniß hieß Glirerium von Glis, welches der Name des Thiers ist, mit welchem Worte die Deutschen und andere Völker auch die Ratzen bezeichnen. Da nun jene Thiere jenseit der Alpen, wie ich merke, nicht bekannt seyn, so haben sich einige ausländische Gelehrte

---

1) De Reg. Thec. Calam. p. 266.   2) In Additam. p. XIX.
3) Catal. de Monum. d'Ercol. Vasi, n. 540.

vorgestellet, die Römer hätten Ratzen gefüttert, und als einen besondern Leckerbissen gegessen. Diese Einbildung machet sich unter andern Sloane in dem Vorberichte zu seiner Beschreibung der Insel Jamaica in Englischer Sprache, und Lister in seinen Anmerkungen über den Apicius von der Kochkunst, ist nicht besser unterrichtet. Im Welschen heißt dieses Thier Ghiro von Glis, und wird noch itzo gegessen, aber nur auf großen Tafeln: Denn es ist nicht häufig, und ich weiß, daß das Haus Colonna dieselbe zum Geschenke verschicket. Es vergräbt sich im Winter, und liegt alsdenn, wie man sagt, in einem beständigen Schlummer, ohne Nahrung, und daher ist es von den Neuern als ein Sinnbild des Schlafs gebraucht, wie man es also vom Algardi neben dem Schlafe von schwarzem Marmor in der Villa Borghese vorgestellet siehet.

Was zum Spiel und zur Lustbarkeit gehöret, ist ebenfalls hierher zu ziehen, und die Flöten der Alten verdienen hier einige Anmerkung. Es waren dieselben von Knochen, von Elfenbein und auch von Erzt gemacht, und bestanden, wie die unsrigen, aus verschiedenen Stücken, aber mit diesem Unterschiede, daß die Stücke oder Glieder nicht durch Falze in einander passeten, sondern sie wurden auf ein Rohr, insgemein von fein ausgedrechseltem Holze gezogen, wie man an zwey Flötenstücken von Erzt in dem Museo siehet, an welchen inwendig das Holz versteinert hängen geblieben ist. In dem Museo zu Cortona ist eine Flöte von Elfenbein auf eine silberne Röhre gezogen.

Von den dasigen Lustbarkeiten nach Griechischer Art, und in dieser Sprache giebt ein kleines Täfelchen von Elfenbein mit dem Worte ΑΙΣΧΥΛΟΥ einen Beweis; es ist dasselbe, ich weiß nicht an welchem der verschütteten Orte gefunden. Dieses Täfelchen ist eine Tessera, die den Namen des berühmten Tragici Aeschylus führet, und zeiget, daß an diesen Orten dessen Trauerspiele aufgeführet wurden. Und diese Tesserä wurden, wie die heutigen Freyzettel zu Opern und Comödien, von demjenigen ausgetheilet, welcher auf seine Kosten die Schauspiele gab. Dieses ist die einzige Tessera mit dem Namen eines Griechischen Theaterdichters; andere finden

von den Herculanischen Entdeckungen.

den sich auch von Elfenbein, aber nur mit Zahlen, in dem Museo des Collegii Romani.

Einzig ist auch ein Discus von Erzt, welcher acht Zolle im Durchmesser hält, und in der Mitten ein Loch hat, dessen Runde sich auf einer Seite enger schließt, um den Finger fester hinein zu legen, wenn diese Platte geworfen wurde. Diese Art, den Discus zu werfen, ist vorher auch nicht bekannt gewesen. Es waren aber auch Disci ohne Loch in der Mitten, wie derjenige ist, den eine Statue an den Schenkel drücket, die im Hause Verospi zu Rom war, und vor kurzer Zeit verkauft ist: von dieser Art ist der Discus von einem Palme und siebentehalb Zoll im Durchmesser, auf einer erhobenen Arbeit in der Villa Albani, von welchem ich anderwärts [1]) geredet habe. Im übrigen war dieses, wie wir reden würden, ein ritterliches Spiel, und unter den Griechischen Helden war es ins besondere eine Uebung [2]) des Diomedes; es ist auch noch itzo in England im Gebrauche.

Ich füge dieser Art Geräthe eine Tragische Larve mit einem hohen Aufsatze von Haaren in Marmor bey, welche, wie die eingebohrten Löcher umher anzeigen, eine von denen war, welche über das Gesicht eines Verstorbenen gebunden wurde, um noch nach dem Tode wahr zu machen, was Petronius sagt: Omnis mundus agit histrioniam. Eine junge Larve von gebrannter Erde zu diesem Gebrauche befindet sich in dem Museo des Collegii Romani. In vorigen Zeiten war in Frankreich der Gebrauch, auch die Nacht im Schlafe Larven zu tragen, um die Haut vor der in verschlossenen Zimmern verdickten Luft zu verwahren; ich hoffe, diese Mode soll bald wieder kommen.

Zum Staate, und als ein Zeichen edler Geburt, waren goldene Bullen, welche insgemein Kinder bis zu einem gewissen Alter trugen, und dieses Museum hat zwo derselben aufzuweisen. Es war aber dieses keine Tracht bloß junger Knaben, wie man insgemein glaubet, sondern es trugen

---

1) Descr. des Pier. gr. du Cab. de Stosch, p. 458.   2) Eurip. Iphig. in Aul. v. 199.

trugen auch Triumphirende¹) eine Bulle am Halſe, und ich werde in der Erklärung ſchwerer Puncte der Mythologie, der Gebräuche und der alten Geſchichte, welche ich in Welſcher Sprache entworfen habe, aus einem ſeltenen Denkmaale darthun, daß ſie auch von Weibern getragen wurden.

Zum Zeichen der Würde einiger oberkeitlichen Perſonen bey den Römern waren Sellae Curules, von denen ſich zwo in dem Muſeo finden. Sie ſind von Erzt (in Rom waren ſie insgemein von Elfenbein) einen Palm und ſieben Zoll hoch, und zween Palme und ſieben Zoll breit. Sie beſtehen aus Kreuzweis gelegten runden Beinen, die ✕ vorſtellen, und ſich unten in einen idealiſchen Thierkopf mit einem langen Schnabel endigen, worauf ſie ſtehen.

Ich will der vielen Löwen und anderer Thiere Köpfe von Erzt hier nicht gedenken, aus welchen in den Bädern, auch in den Häuſern Waſſer lief; es laſſen ſich auch die chirurgiſchen Inſtrumente und viele andere, theils bekannte, theils dem Gebrauch nach unbekannte Geräthe ſchwerlich ohne Abbildung beſchreiben, und auch durch dieſe bleibt der Begriff unvollkommen.

Zuletzt will ich einiger weiblichen Geräthe, als Spiegel, Haar= oder Neſtnadeln, Armbänder und Ohrgehenke gedenken. Es ſind hier zween Spiegel, ein runder und ein länglich viereckigter; der runde wird etwa acht Zolle halten: beyde ſind von Metall, welches geſchliffen und geglättet iſt. Herr Bajardi²) hat zween Spiegel mit langen Stielen daſelbſt finden wollen, die ich aber nicht geſehen noch finden können. Insgemein waren die Spiegel der Alten rund; und auf einem geſchnittenen Steine in dem Stoßiſchen Muſeo hält Venus einen ſolchen Spiegel an deſſen Deckel, wie einige unſerer Reiſeſpiegel ſind. Seneca³) gedenket außerordentlich großer Spiegel, die ganze Perſon darinn zu beſehen.

Unter

---

1) Macrob. Saturn. L. I. c. 6. p. 173. ed Pontan.
2) Catal. de' Monum. d' Ercol. p. 271. n. 768.
3) Nat. Quaeſt. L. I. c. 17.

von den Herculanischen Entdeckungen.

Unter den silbernen Nestnadeln, die Zöpfe hinten um dieselben zu winden, sind vier besonders groß und schön gearbeitet: denn dieses war ein besonderes Stück des Putzes der Weiber; auch die verschnittenen Priester der Cybele setzten sich die Haare mit einer Nestnadel auf. Die größte an acht Zolle lang hat an statt des Knopfs ein Corinthisches Capitäl, auf welchem Venus stehet, die mit beyden Händen ihre Haare gefasset hat; neben ihr stehet die Liebe, und hält ihr einen runden Spiegel vor. Es pflegten auch Römische Frauen den Statuen der Göttinnen Spiegel¹) an ihren Festen vorzuhalten. Eben so lang sind noch ißo die silbernen Nestnadeln der Weiber auf dem Lande um Neapel. Auf einer andern solchen Nadel, welche sich gleichfalls in ein Corinthisches Capitäl endiget, stehet die Liebe und Psyche umfasset. Eine andere hat oben zwey Brustbilder, und auf der kleinsten stehet Venus an den Cippus eines Priapus gelehnet, die das rechte Bein aufhebet, und mit der linken Hand den Fuß halten zu wollen scheinet.

Armbänder sind in dem Museo von Erzt und von Golde, und alle in Gestalt einer Schlange: von denen, welche um das Obertheil des Arms geleget wurden, erinnere ich mich hier keine gesehen zu haben; jene sind von der kleinern Art, welche über die Knöchel lagen. Die Ohrgehenke von Golde gleichen dem Kopfe einer Eichel mit dessen erhabenen kleinen Buckeln, und sie stehen mit der offenen Seite gegen das Ohr; in eben der Form haben sie noch ißo die Weiber in dieser Gegend.

Unter den Geräthen sind sonderlich die Paterä, wie ich oben gedacht habe, von einem zusammengesetzten weißen Metalle, welches dem ersten Anblicke nach Silber scheinet; es ist auch der grüne Ansatz wie an diesem: wer weiß, ob es nicht eine von den zwo berühmten Arten Erzt, Corinthisches oder Syracusisches war. Ich weiß, daß einige ein goldfarbiges Erzt in einigen Münzen der ersten Größe für Corinthisches Erzt halten; es ist aber diese Meynung so ungewiß, als lächerlich das Vorgeben von dem Ursprunge dieses Erztes in der Eroberung dieser Stadt ist.

1) Lipf. Elect. L. 2. c. 18. p. 503. ed. Plant. 4to.

Die vornehmste Betrachtung über alte Geräthe, und sonderlich über die Gefäße, sollte auf die Zierlichkeit derselben gerichtet seyn, in welcher alle unsere Künstler den Alten nachstehen müssen. Alle ihre Formen sind auf Grundsätze des guten Geschmacks gebauet, und gleichen einem schönen jungen Menschen, in dessen Gebährden, ohne sein Zuthun oder Denken, sich die Gratie bildet; diese erstrecket sich hier bis auf die Handheben der Gefäße. Die Nachahmung derselben könnte einen ganz andern Geschmack einführen, und uns von dem Gekünstelten ab auf die Natur leiten, worinn nachher die Kunst kann gezeiget werden. Die Schönheit dieser Gefäße bildet sich durch die sanft geschweiften Linien der Formen, als welche hier, wie an schönen jugendlichen Körpern, mehr anwachsend als vollendet sind, damit unser Auge in völlig halbrunde Umkreise seinen Blick nicht endige, oder in Ecken eingeschränkt und auf Spitzen angeheftet bleibe. Die süße Empfindung unserer Augen bey solchen Formen ist wie das Gefühl einer zarten sanften Haut, und unsere Begriffe werden, als vom Vereinten, leicht und faßlich. Da nun das Leichte durch dessen Faßlichkeit selbst gefallen, und das Gezwungene, wie ein übertriebenes Lob anderer, weil wir selbst an dasselbe nicht reichen zu können glauben, durch das Gegentheil mißfallen muß; ja da die Natur, in Ansehung der Kosten (da insgemein das Natürliche wohlfeiler, als dessen Gegentheil ist,) den Weg erleichtert: so sollte uns Empfindung und Ueberlegung zu der schönen Einfalt der Alten führen. Aber diese blieben bey dem, was einmal schön erkannt worden, weil das Schöne nur Eins ist, und änderten, wie in ihrer Kleidung, nicht; wir hingegen können oder wollen uns in dieser, wie in andern Dingen, nicht festsetzen, und wir irren in thörigter Nachahmung herum, wodurch wir alle Augenblicke, was wir bauen, wie die Kinder, wiederum niederwerfen.

von den Herculanischen Entdeckungen.

Der zwepte Theil des vierten Stücks dieses Sendschreibens, welches von den Herculanischen Schriften handelt, verdienet unsere ganz besondere Aufmerksamkeit, um so viel mehr, da niemand vor mir Nachricht von denselben gegeben hat. Bey diesen Schriften ist zum ersten die Entdeckung derselben besonders anzuzeigen; zum zwepten ist die Materie, woraus sie bestehen, nebst ihrer Form, Gestalt und Beschaffenheit, drittens die Art und Weise der Schrift auf denselben, und viertens ihre Aufwickelung zu erklären.

Die Entdeckung derselben versprach nichts weniger, als was sich nachher zeigete; die Arbeiter beklagten sich wie die zween Kahlköpfigten, die einen Kamm auf dem Wege fanden:

- - - - Sed fato inuido
Carbonem, vt ajunt, pro thesauro accepimus.
Phaedr. L. 5. fab. 6.

Denn man sahe die Schriften vor verbranntes Holz und vor Kohlen an, und es wurden daher viele zerstoßen und weggeworfen: es geschahe hier, wie in Brasilien mit den Diamanten, welche, ehe man dieselben erkannte, als kleine Kiesel nichts geachtet wurden. Die Ordnung der Schichte, in welcher dieselben nachher aufeinander gelegt gefunden wurden, war der einzige Umstand, welcher einige Aufmerksamkeit erweckete, und zu bedenken veranlassete, daß es vielleicht nicht bloße Kohlen wären, bis man Buchstaben darauf entdeckete.

Der Ort, wo dieselben zum Vorscheine kamen, war ein kleines Zimmer in der oben gemeldeten Herculanischen Villa, welches zween Menschen mit ausgestreckten Armen überreichen konnten. Rund herum an der Mauer waren Schränke, wie in den Archiven zu seyn pflegen, in Mannes Höhe, und in der Mitten im Zimmer stand ein anderes solches Gestelle für Schriften auf beyden Seiten, so daß man frey umher gehen konnte. Das Holz dieser Gestelle war zu Kohlen gebrannt, und fiel, wie man leicht erachten kann, zusammen, da man dieselben anrührete. Einige von diesen

diesen Rollenschriften fanden sich mit gröberem Papier, von eben der Art, welches emporetica bey den Alten hieß, zusammen gebunden, welche vermuthlich als Theile und Bücher ein ganzes Werk ausmacheten. Die Schriften wurden, da man sie davor erkannt hatte, mit Sorgfalt zusammen gelesen, und man fand über tausend Stücke, von denen die mehresten in dem Museo zu Portici in einem mit Glasfenstern beschlossenen Schranke aufbehalten werden; viele aber sollen noch in den Gewölbern unter dem Museo liegen, wo die Trümmern von Statuen und von anderen Werken beygeleget sind.

Die Materie dieser Schriften ist **Papyrus**, oder Egyptisches Schilf, welche Pflanze auch **Deltos** (Δέλτος) von der Gegend daselbst, wo sie am häufigsten wuchs, benennet wurde. Es scheinet von diesem letzten Worte die Benennung von Schriften auch in der heiligen Schrift angenommen zu seyn: denn רלחות, δελτοί heißt ein Buch, beym Jeremia, so viel ich mich ohngefehr erinnere: itzo wird diese Pflanze von den eingebohrnen dieses Landes **Berd** 1) genennet. Es war dieselbe sonderlich diesem Lande eigenthümlich, wurde aber, nach dem Strabo, auch in Italien zu bauen angefangen, wo sie sich gänzlich verlohren hat; und Targioni, ein noch lebender Arzt zu Florenz, ist sehr irrig, wenn er glaubet 2), daß etwa dasjenige Schilf, welches zu Matten und zu Bekleidung der gläsernen Flaschen dienet, das ehemalige Papier seyn könne.

Von denen, die in Egypten gereiset sind, ist Alpinus der einzige, welcher dieses Gewächs beschreibet; Pocoke und andere übergehen es mit Stillschweigen. Es wächst an den Ufern des Nils und an sumpfigten Orten, und treibet einen Stengel, welcher über dem Wasser zwo Ellen (Cubiti) wie Plinius 3) aus dem Theophrastus 4) sagt; nach dem Alpinus sechs bis sieben Ellen: der Stengel ist dreyeckigt, und hat oben eine Krone wie von Haaren, welche von den Alten mit einem Thyrsus verglichen wird. Dieses so genannte Egyptische Schilf war den eingebohr-

nen

---

1) De plant. Aegypt. c. 36.
2) Viaggi, T. 5. p. 379.
3) L. 13. c. 22.
4) L. 4. c. 9.

von den Herculanischen Entdeckungen.

nen von großem Nutzen: der Mark des Stengels diente ihnen zur Nahrung, und aus dem Stengel selbst machten sie Schiffe, deren Gestalt wir auf geschnittenen Steinen und auf anderen Egyptischen Denkmaalen sehen; es wurden nämlich Bündel wie Binsen zusammen gebunden, und diese wurden wiederum an einander vereiniget, bis man ihnen die Gestalt von Kähnen oder Schiffen gab. Der vornehmste Nutzen aus dieser Pflanze aber war die dünne Haut, auf welche man schrieb; und eben dieses ist der Punct, worinn die Nachricht der alten Scribenten nicht deutlich genug ist, und uns kein völliges Genüge thut. Es haben sich daher einige, wie Veßius [1]), vorgestellet, daß das Papier zum schreiben von den Blättern dieser Pflanze genommen worden. Andere, als Vesling [2]), haben sich noch einen irrigern Begriff gemacht, wenn sie glauben, daß dasselbe aus der Wurzel zubereitet worden; die Wurzeln aller Pflanzen bestehen aus Fäserchen, und haben eine Holznatur, welche daher nicht in dünne Blätter können aufgewickelt werden. Es hat sich aber letztgedachter Scribent vorgestellet, daß die Wurzel wie in einen Brey zerkochet und zubereitet worden, um das Papier etwa auf eben die Art, wie es itzo gemacht wird, zu gießen. Andere, wie Salmasius [3]) und Guillandini, kommen der Wahrheit näher, wenn sie glauben, daß die Blätter Papier von dem Stengel genommen worden, welcher sich in dünne Häute aufblättern lassen, so daß diejenigen Häute, welche zunächst an dem Marke des Stengels sind, das beste Papier gegeben, und die äußern Häute das schlechtere. Dieses bestätiget der Augenschein an den Herculanischen Schriften, die aus vier Finger breiten Blättern zusammengesetzet sind, (wie ich im folgenden deutlicher beschreiben werde,) und, wie ich glaube, den Umkreis des Stengels zeigen. Ich sollte also fast auf die Gedanken gerathen, daß der Text des Plinius verfälscht sey, wo er sagt, daß der Unterschied in dem Werthe des Papiers an dessen Breite liege: das beste, sagt er, hat

die

---

1) In Etymol. v. Papyrus.
2) De Plant. Aegypt. Obf. ad Prosp. Alpin. Patav. 1638. 4.
3) Plin exercit. p. 10.3. ed. Paris.

die Breite von dreyzehen Zoll; dasjenige, welches Hieratica hieß, war von eilf Zoll; Fanniana von zehen Zoll; das von Sais hatte weniger, und das schlechtere war von sechs Zoll. Hier müßte, nach meiner Muthmaßung, an statt des Worts **Breite**, das Wort **Länge** gesetzt werden; denn der Stengel der Pflanze muß mehrentheils von gleicher Dicke gewesen seyn; und ich kann mir nicht vorstellen, wie derselbe an einigen dreyzehen Zolle, an andern aber sechs im Umkreise gehabt habe, da die Breite des Papiers der Umkreis des Stengels und demselben gleich gewesen seyn muß; die Länge des Papiers aber wird nach der Länge des Stengels zu rechnen seyn.

Ich will mich unterdessen in keine Untersuchung aller einzelnen Stücke der Nachricht des Plinius einlassen, um nicht Muthmaßungen an statt Nachrichten zu geben. Ich glaube z. E. was er von Schriften aus zwey, ja aus dreyfach zusammengeleimten Blättern redet, sonderlich da Guillandini dergleichen Schriften von Egyptischem Papiere gesehen zu haben versichert. Die Herculanischen Schriften bestehen nur aus einem einzigen Blatte. Ich lasse andern über, sich aus der richtigen Anzeige, die ich von diesen Schriften geben will, die Nachrichten der Alten deutlicher zu machen, wenn sie mehr zu wissen verlangen, als was der Augenschein giebt.

Von Schriften auf Egyptischem Papiere habe ich, außer den Herculanischen, gesehen, verschiedene Diplomata in der Vaticanischen Bibliothec; ein Blatt mit Griechischer Schrift von einem Kirchenvater, in der Bibliothec der Theatiner zu St. Apostoli in Neapel. Mabillon[1]) gedenket geschriebener Reden des h. Augustinus auf Pergament mit hier und da durchgeschossenen Blättern von Egyptischem Papiere, welche in der Bibliothec des Präsident **Petau** waren; und es befinden sich dieselben vielleicht unter den MS. der Königinn Christina in der Vaticana, ich kann aber itzo davon, da ich mich außer Rom befinde, keine Nachricht einziehen.

Von der Forme, Gestalt und Beschaffenheit dieser Schriften ist zu merken, daß sie fast alle von gleicher Länge, das ist, von einer Spanne sind,

---

1) Diplom. L. I. c. 8. §. 11. p. 35.

von den Herculanischen Entdeckungen.

sind, und einige von zwey, andere von drey bis vier Finger breit im Durchmesser; es finden sich aber auch einige von einer halben Spanne lang. Die mehresten sind zusammengeschrumpen und runzlicht wie ein Bocksḣorn; welches die Hiţe verursachet hat, wodurch dieselben gleichsam in eine Kohle verwandelt worden; denn sie sind entweder schwarz oder ganz dunkel grau. In der Uberschüttung aus dem Berge sind dieselben nicht völlig walzenförmig geblieben, sondern haben eine ungleiche und hockerigte Runde erhalten. An den beyden Enden gleichen sie versteinertem Holze, dessen Ringe sich deutlich unterscheiden, welche an den Schriften aber in größerer Anzahl und weit zarter sind. Von viereckigten Büchern hat sich kein einziges gefunden.

Das Papier ist dünne, ja noch dünner, als ein Mohnblatt, nicht völlig wie es ehemals gewesen, sondern wie es im Feuer, welches den Körper herausgezogen, geworden; ein bloßer Hauch kann bey der Arbeit an denselben Schaden verursachen. Es muß aber dieses Papier beständig sehr dünne gewesen seyn, wie sich an vielen Schriften zeiget, welche wenig gerunzelt sind, und also eben so dicht, wie sie iţo erscheinen, gewickelt waren: denn da diese durch die Hiţe nicht enger, als sie waren, zusammengedrücket werden konnten, und weder nach der Breite noch in der Länge nachgaben, so blieben sie ohne Runzeln und ohne gepletschten Druck.

Eine solche Rolle Schrift bestehet aus vielen schmalen Streifen von einer Hand breit, welche auf einander geleimet sind, so daß eins über das andere in der Breite eines Fingers liegt, und diese Fugung hat sich nicht aufgelöset. Diese Blätter auf einander zu leimen gab es besondere Leute, welche Glutinatores [1]) hießen, deren Kunst nicht unter die ganz gemeinen Handwerker gezählet seyn muß, da die Athenienser einem Philtatius eine Statue aufrichteten [2]), weil er ihnen die Schrift zu leimen gezeigt, oder welches glaublicher ist, weil er eine besondere Art von Bücherleim erfunden.

Dieser aus vielen Stücken zusammen gefugte Streifen Papier wurde zuweilen bloß um sich selbst gerollet, in andern aber um eine dünne Röhre,

---

1) Cic. ad Att. L. 4. cp. 4   2) Phot. Bibl. ex Olympiodoro.

Röhre, welche Holz oder Knochen war, nach dem Zeugnisse des Scholiasten des Horatius¹), und diese Röhre zeiget sich dünner und stärker in dem Mittelpuncte verschiedener Schriften. Vermuthlich war dieselbe das, was die Alten den Nabel (Vmbilicum) der Bücher nennen: denn es ist derselbe in der Mitten, wie der Nabel am menschlichen Körper, und dessen Oeffnung ist diesem ähnlich. Dieses läßt sich unter andern aus einer Stelle des **Martialis** erweisen, wo er von einer kleinen Schrift sagt, daß sie nicht größer sey, als der Nabel:

>Quid prodest mihi tam macer libellus,
>Nullo crassior ut sit umbilico,
>Si totus tibi triduo legatur?
> L. 2. ep. 6. v. 10.

Diese Stelle ist, wie ich dieselbe einsehe, nicht recht verstanden: denn es würde ein Vergleich ohne Verhältniß seyn, hier den Nabel am Menschen zu verstehen; eben so wenig kann es den Zierrath auf dem Deckel der Bücher bedeuten, sondern es muß für die kleine Rolle in dem Mittelpuncte der Schrift verstanden werden. Der Dichter wird also sagen wollen, diese Rolle Schrift sey nicht stärker, als diejenige kleine Rolle oder Stab, um welche die Schriften gewickelt werden. Es würde also ad umbilicum adducere²) und ad umbilicum pervenire³) heißen, eine Schrift endigen, so daß sie kann ihre Rolle bekommen, und dieselbe zu Ende lesen, bis an dieselbe.

Diesem zu Folge muß man sich vorstellen, daß, da der innere Stab zum aufrollen dienete, ein zweyter Stab oder Röhrchen nöthig gewesen, die aufgerollete Schrift wiederum aufzuwickeln, von welchen jener am Ende, dieser aber am Anfange befestiget gewesen, so daß alsdenn das Röhrchen, welches vorher inwendig war, auswärts zu liegen gekommen, und so wechselsweise. An den Herculanischen Schriften findet sich das zweyte Röhrchen nicht; denn da das äußere Blatt oder Lage an denen

---

1) Porphyr. in Hor. Epod. 14. v. 8. p. 285. edit. Plant. 1611, 4.
2) Hor. l. c. 3) Martial. L. 4. ep. 9. v. 2.

von den Herculanischen Entdeckungen.

nigstens, welche man untersuchet hat, fehlet, so muß auch dieses Röhrchen zugleich mit verlohren gegangen seyn. Man siehet auch daſſelbe an den gemalten Rollen Schriften auf einigen Herculaniſchen Gemälden nicht, wohl aber das innere Röhrchen. Aber die Alten reden bey Schriften von ſolchen Röhrchen in der mehrern Zahl [1]), und dieſes könnte meine Muthmaßung beſtätigen. Ferner bemerket man an einigen Schriften in der Hohlung der Röhrchen etwas, was dieſelbe ausfüllet, welches ein Stäbchen zu ſeyn ſcheinet, um welches entweder das Röhrchen im Aufwickeln gelaufen, oder wenn das Röhrchen nur die Länge der Schrift gehabt hätte, so dienete das Stäbchen, welches hervor gieng, vermittelſt deſſelben das Röhrchen zu drehen. Dieſes Stäbchen kann ſeinen gedrechſelten Knopf gehabt haben, welcher etwa gemalt geweſen, ſo daß daher der Dichter ſagt: Pictis luxurieris umbilicis. An dieſes Stäbchen, wenn es da war, ſcheinet auch der Zettel befeſtiget geweſen zu ſeyn, welcher an Rollen Schriften auf Gemälden hänget [2]) und den Titel des Buches zeiget. Dieſe vom Nabel genommene Benennung gedachten Röhrchens kann nachher auch dem Zierrathe mitten auf dem Bande oder dem Deckel viereckigter Bücher gegeben ſeyn, wie Martorelli aus einer Stelle des Lucians contra indoct. *) ſchließt: dieſer Zierrath war entweder ein Beſchlag, wie an unſern älteſten Bänden, oder ein Stempel, wie ihn die ſogenannten Hornbände haben.

Mit einigen von dieſen Schriften verfuhr man, wie einer von den Alten mit dem Lycophron, deſſen dunkeles Gedicht er mitten entzwey ſchnitt, um zu ſehen, ob inwendig mehr als auswärts zu erſehen ſey, und wie der h. Hieronymus es in eben der Abſicht mit dem Perſius ſoll gemacht haben: es wurden einige große Rollen mitten durchgeſchnitten, um das innere Gewölbe derſelben zu ſehen und den Fremden zu zeigen. In einigen derſelben iſt die Schrift ſo ſchön und groß wie in dem großen Oxfortiſchen Pindarus.

1) Id. L. 3. ep. 2. v. 9. L. 4. ep. 91. v. 2. L. 8. ep. 61. y. 4. Stat. L. 4. Sylv. 9.
2) Pitt. Ercol. T. 2. p. 7.
*) Διφθέρας περιβάλλεις καὶ ὀμφαλοὺς ἐντίθης.

Je mehr diese Schriften Kohlen ähnlich scheinen, und je mehr die Schwärze derselben durchgehends an ihnen gleich ist, desto erhaltener sind sie zu achten, und desto leichter wird die Aufwickelung, und dieses läßt sich aus der Beschaffenheit der Kohlen selbst begreifen. Denn so wie Holz, welches zu Kohle geworden, vermöge der Absonderung und Beraubung der Feuchtigkeit, und nach Ausdünstung der fremden Theile, der Veränderung nicht ferner unterworfen ist, ja eine ewige Dauer erlanget, so daß mit Kohlen Grenz- und Marksteine zum immerwährendem Gedächtnisse können geleget werden; eben so verhält es sich mit diesen Schriften. Je schneller und je gleicher dieselben von der feurigen Materie des Vesuvius durchdrungen worden, wodurch alle Feuchtigkeit aus denselben gesondert ist, desto mehr ist die Materie des Papiers zu einer gleichförmigen Einheit gebracht, und also gleichsam wie die einfachen und festen Saamen der Dinge unveränderlich und unverweslich geworden. Diejenigen Schriften aber, auf welche die feurige Materie nicht gleichförmig gewirket, sind auch nicht gleich an Farbe; und da die Feuchtigkeit aus denselben nicht augenblicklich wie aus jenen heraus getrieben ward, waren sie also der Veränderung unterworfen, und die äußere Feuchtigkeit suchte sich mit der in denselben zurückgebliebenen zu vereinigen, ja schleppete Asche und Erde mit hinein, wodurch die Theile, welche davon angegriffen werden konnten, litten und zerfressen wurden. Jene also sind viel leichter, als diese, aufzuwickeln.

Die Gestalt dieser Schriften hat mehrmal gedachten Hrn. Martorelli auf eine überaus seltsame und paradoxe Meynung gebracht, welche ein offenbares Zeugniß von der Selbstverblendung und Hartnäckigkeit der Menschen giebt. Es behauptet dieser gelehrte Mann wider den handgreiflichen Augenschein, daß die Herculanischen Schriften, die er gesehen, so oft er gewollt, keine gelehrte Abhandlungen, und überhaupt keine Bücher, sondern nur Urkunden, Stiftungen, Verträge, Abschiede und dergleichen seyn, und daß also der Ort, wo dieselben gefunden worden, das Archiv der Stadt Herculanum gewesen. Erstlich läugnet er, daß bey den alten Griechen von den Herculanischen Entdeckungen. 71

Griechen gerollete Schriften im Gebrauche gewesen, und er giebt ihnen keine andere als vierecfigte Bücher ¹). Denn, sagt er, es ist thörigt zu gedenken, daß die Klugheit der Alten eine sehr unbequeme Form von Büchern, welches ihm die zusammengerollete scheinet, gewählet, da ein viereckigtes Buch sehr viel bequemer sey ²). Sein vornehmster Grund ist, weil die Griechen in den besten Zeiten das Wort, welches eine gerollete Schrift (Volumen) bedeutet, nicht hatten: denn εἴλημα sey, diesen Mangel zu ersetzen, von spätern Griechen in Gebrauch gebracht. Es müßten sich auch, fähret er fort, bey den Griechischen Scribenten, wenn sie ihre Schriften gerollet hätten, die besondern Stücke derselben angegeben finden, welches aber nicht sey: das Wort, welches das Röhrchen bedeutet, um welches die Schriften gerollet worden [ἀστραλίσκος] verwirft er, als ein Wort aus den barbarischen Zeiten. Er macht also den Schluß: weil den Griechen der besten Zeiten, in dem größten Reichthume ihrer Sprache, das Wort mangelte, welches Volumen bedeutet, so können sie auch keine gerollete Schriften gehabt haben ³). Dieses setzt er als unstreitig bewiesen voraus, und will, daß die alten Scribenten seinem Traume gemäß reden sollen; er verbessert kühnlich diejenigen Stellen, welche seine Meynung umwerfen, und erkläret dieselbe für verfälscht. Wenn Aeschines im vierten Briefe von der Statue des Pindarus redet, welche die Athenienser demselben errichtet, mit einer gerollten Schrift in der Hand, so setzet er an die Stelle des Worts gerollet, geöffnet; an statt ἀνειλιγμένον, ἀνεωγμένον. Ich achte nichts, spricht er, auf den Diogenes Laertius, welcher die Schriften des Epicurs offenbar Cylinder [κυλίνδρος] nennet ⁴). Er hält dieses Wort für einen Zusatz eines Mönches, weil er dasselbe bey keinem andern Scribenten in diesem Verstande, auch selbst bey dem Diogenes nicht öfter gefunden, und er verwahret sich hier mit einigen Aussprüchen des Menage, welcher in seinen Anmerkungen über diesen Scribenten lehret ⁵), daß derselbe voll von Zusätzen und von pö=

belhaf=

---

1) Reg. Thec. Calam. p. 233. 2) Ibid. p. 234. 3) Ibid. p. 234.
4) Ibid. p. 235. 5) In Annotat. p. 253.

belhaften Ausdrücken sey, welches auch bereits **Salmasius**[1]) angemerket habe. Gesetzt aber, fähret er fort, daß das Wort **Cylinder** kein Zusatz sey, so beweiset dieses nichts wider mich und auf die ältern Zeiten der Griechen, weil Diogenes unter dem Constantin gelebet, wo vielleicht gerollete Schriften unter den Griechen in Gebrauch gekommen. Er beruft sich ferner auf mehr als ein viereckigtes Buch auf Herculanischen Gemälden, und wo daselbst gerollete Schriften vorgestellet sind, hält er dieselbe für das, was er glaubet[2]). Er straft den **Spon** Lügen[3]), welcher in seinen Reisen[4]) von einer gerolleten Liturgie des h. Chrysostomus redet, die er zu Corinth gesehen.

Ich habe zu Erklärung und zugleich an statt der Widerlegung dieser wider den Strohm sträubenden Meynung, eine alte schöne erhobene Arbeit über dem Anfange dieses Sendschreibens beygebracht, welche ich nach einer meisterhaften Zeichnung aus der Schule von Raphael, die sich unter den Zeichnungen des Herrn Cardinals Alexander Albani befindet, copiren lassen: denn das Werk selbst befindet sich nicht mehr in Rom. Es giebt dasselbe ein Bild der Erziehung und des Unterrichts der Jugend: der älteste Sohn der Mutter, welche sitzet, hält ein viereckigtes Buch, an welches sein Lehrer mit anfasset; (dieses ist für Herrn **Martorelli**,) das jüngste Kind ist noch in den Händen einer alten Wärterinn, die es in die Höhe heben will, gegen eine Erd- oder Himmelskugel, auf welcher zwo Musen mit Fingern zeigen; die eine ist Urania, und die andere vermuthlich Clio, die Muse der Geschichte, mit einer gerolleten Schrift, (dieses ist wider unsern Gelehrten,) die dritte ist die Tragische Muse Melpomene. Dieses erinnert mich an die drey Musen, welche jener Weltweise in seinem Hörsaale stehen hatte. Hier kann auch der Stein dienen, welchen ich auf dem Titelblatte gesetzt habe, wo die studirende Liebe vorgestellet ist, gleichfalls mit einer gerolleten Schrift, welches kein Contract oder Abschied seyn kann, und eine Muse, die

---

1) De ling. Hellenist. p. 107.
2) Reg. Thec. Cal. p. 264.
3) Reg. Thec. Cal. p. 242.
4) Tom. 2. p. 230.

von den Herculanischen Entdeckungen.

die hier den Lehrer macht, mit einem viereckigten Buche: oben ist eine Sphära. Der Käfer kann entweder auf diejenigen geschnittenen Steine der Alten deuten, die auf der einen Seite einen erhoben gearbeiteten Käfer haben, und daher itzo Scarabei genennet werden; oder es war das Wapen des Eigenthümers dieses Steins. In dem Museo des Collegii Romani befindet sich in Erzt, in der Größe eines halben Palms, eine kleine Figur eines Philosophen, mit einem Barte, auf seinem Magistralischen Stuhle; zu dessen Füßen stehet eine runde Capsel mit gerolleten Schriften, und in der Hand hält er eine halb aufgewickelte Rolle Schrift. Dieses kann keine Römische oberkeitliche Person seyn, wie der Bart anzeiget, welcher nicht mehr Mode war da dieses gemacht ist: folglich können auch die Schriften keine richterlichen Abschiede und dergleichen bedeuten. Es hat auch der Stuhl eine verschiedene Form von den Stühlen oberkeitlicher Personen in Rom.

Es widerspricht ferner unser Gelehrter allen andern, welche in dem Gesetze des Ulpianus 52. D. de leg. 3. teretes libros von gerolleten Schriften, und Codices von viereckigten Büchern verstehen [1]). Diese sind Salmasius [2]), Schulting [3]), Trotz [4]), Heineccius [5]) und Mazocchi [6]): Schulting und Heineccius streicht er in den Zusätzen [7]) wiederum aus. Was würden die Schriften des Cicero, des Livius, des Seneca und des Plinius für ungeheuere Werke gewesen seyn, wenn man sich dieselben gerollet und nur auf einer Seite des Blattes beschrieben vorstellen wollte [8])? Er suchet darzuthun, daß das Wort Codex allein von öffentlichen Instrumenten gebraucht worden [9]), und wenn auf Münzen oder in Statuen die Figuren der Kaiser eine Rolle Schrift in der Hand halten, so müsse dieselbe so etwas, und keine gelehrte Schrift oder Geschichte vorstellen [10]). Folglich, sagt er, ist es eine große Unwissenheit auch der alten

1) Reg. Thec. Cal. p. 254.
2) De mod. usur. p. 401.
3) In Paul. p. 337.
4) In Hugon. p. 604.
5) In Antiq. Rom. prooem. n. 16.
6) In Diptych. Quirin. p. 5.
7) p. XIV.
8) p. 257.
9) p. 259.
10) p. 261.

alten Künstler, und Bildhauer, wenn sie den Figuren der Dichter und Philosophen eine gerollete Schrift in die Hand gegeben¹). Auch Apollonius von Priene, der Künstler der Vergötterung des Homerus im Pallaste Colonna, ist nach dessen Meynung, mit der Rolle, welche er dem Vater der Dichter in die Hand gegeben, sehr übel unterrichtet gewesen²).

Um aber die Beständigkeit dieser von ihm reiflich erwogenen Meynung zu zeigen, wiederholet er in den Zusätzen³), daß er die Unterschrift der ersten entwickelten Herculanischen Schrift sehr wohl gesehen und gelesen: Φιλοδήμου περὶ Μουσικῆς „des Philodemus von der Music.„ Dem ungeachtet behauptet er, (wird es nicht meinen Lesern unglaublich scheinen?) daß gedachte Schrift ein öffentliches Instrument in einer Streitsache sey. Er hat vielleicht im Sinne behalten, daß dieser Streit die Kirchenmusik und auf Hochzeiten betroffen, oder zwischen der Gemeinde und den Stadtmusicanten entschieden sey. Und wodurch suchet er dieses von neuem zu beweisen? Weil ich, sagt er, in dieser geschriebenen Rolle nur die Unterschrift, nicht aber die Aufschrift gesehen habe: denn ein jeder weiß, fähret er fort, daß Proceßacten unterschrieben werden, Abhandlungen aber haben den Titel und die Inschrift vorne an stehen. Es sollte gleichwohl Hr. Martorelli, da er mit derjenigen Person, welche diese Schriften entwickelt, genau bekannt ist, gewußt haben, daß der Anfang oder die äußere Lage an den Schriften, welche man bisher entwickelt hat, fehlet, wie ich bereits oben angezeiget habe.

Bey dieser Gelegenheit suchet er an einem andern Orte⁴) zu bestreiten, daß die ältesten Griechen nicht auf hölzerne Täfelchen Schrift geschrieben; und hier untersuchet er zween Verse des Homerus, wo der Dichter saget, daß Bellerophon mit solchen eingeschnittenen Täfelchen, anstatt des Briefes, von dessen Vater an den König in Lycien abgeschickt worden, deren Inhalt war, daß dieser den Ueberbringer ermorden sollte.

Πέμ-

1) p. 265. 3) p. XXX.
2) p. 266. 4) p. 50.

von den Herculanischen Entdeckungen.

Πέμπε δέ μιν Λυκίηνδε, πόρεν δ' ὅγε σήματα λυγρὰ,
Γράψας ἐν πίνακι πτυκτῷ θυμοφθόρα πολλά.

Sed misit ipsum in Lyciam, deditque is litteras perniciosas,
Scriptis in tabella complicata animae - exitialibus multis.

Il. ζ. v. 168.

Hier nimmt er sich die Freyheit, den zweyten Vers für untergeschoben zu erklären, da zumal, wenn derselbe weggelassen wird, der Sinn des Dichters nichts leidet. Denn λυγρὰ und θυμοφθόρα πολλά, sagt er, bedeuten eben dasselbe, und sind eine Tautologie, und πίναξ πτυκτός giebt einen falschen Begriff, weil eine hölzerne Tafel nicht kann gefalten werden. Er vertheidiget sich mit dem Burmann, welcher durch Handschriften verschiedene Verse des Virgilius für unächt erkläret hat. Er selbst thut eben dieses mit verschiedenen andern Stellen des Homerus: eine von denselben ist, wo vom Paris gesagt wird, daß er verdiene, gesteiniget zu werden[1]); und sein Grund ist, weil Dio Chrysostomus Orat. XI. περὶ τοῦ Ἰλίου μὴ ἁλῶναι, wo er diese ganze Rede des Hectors wider den Paris anbringt, gedachte zween Verse ausläßt. In der Odyssea λ' will er zehen ganze Verse, von 310 bis 320, ohne Gnade ausgestrichen wissen, weil dieselbe ihm dem Dichter nicht würdig scheinen. In dem folgenden Buche μ' scheinen ihm die Verse nach dem acht und sechzigsten, welche eine Erzählung von dem Schiffe Argo enthalten, verdächtig, weil Hesiodus von diesem Schiffe keine Meldung thut; und daraus schließet er, daß diese Fabel neuer als beyde Dichter sey. Er kann auch zween Verse im letzten Buche der Ilias 29 und 30, wo das Urtheil des Paris angezeiget wird, nicht leiden.

Er kehret hierauf in den Zusätzen[2]) zu der erstern Stelle des Homerus zurück, und beweiset aus vielen Stellen des Dichters, daß γράφειν und ἐπιγράφειν von demselben niemals vom schreiben, sondern vom einschneiden, stechen und verwunden gebraucht werden. Diesem zu folge

1) Il. γ' 57. 58.   2) p. LV.

folge war, wie er behauptet, das Täfelchen, welches Bellerophon zu überbringen hatte, nicht beschrieben, sondern es hatte Zeichen eingeschnitten, die dem Ueberbringer unbekannt waren, von beyden Königen aber als Freunden verstanden wurden. Auf Täfelchen zu schreiben war also bey den alten Griechen, wie er sich zu behaupten erkühnet, nicht gebräuchlich, wohl aber unter den Persern; und hier verbessert er[1]), und ich muß gestehen, nicht unglücklich, eine Stelle des Aelianus[2]), wo derselbe von der Beschäfftigung der Könige in Persien auf ihren Reisen redet. Es ist dieselbe, so wie sie bisher gelesen und verstanden worden, diesen Königen schimpflich gewesen. Denn dieser Scribent sagt, daß diese Herren auf der Reise keine andere Beschäfftigung gehabt, als mit einem Messerchen in Täfelchen von Lindenholz zu schneiden, damit sie sich der langen Weile erwehren möchten, und daß sie überhaupt nichts ernsthaftes lesen, noch etwas würdiges denken kennten. Ich muß gestehen, da man in Lesung der Alten nicht Zeit genug hat, die uns anstößigen Dinge, sonderlich wenn sie nicht zu unserm Vorhaben gehören, gründlich zu untersuchen, daß mir diese Stelle, wo ich mir keinen Fehler im Texte einfallen ließ, viel Bedenken gemacht hat, da man nothwendig ganz anders von vielen Königen in Persien, deren Geschichte uns bekannt ist, denken muß. Herr Martorelli giebt durch eine geringe Aenderung in den letzten Worten dieser Stelle, und durch den Zusatz eines einzigen Worts, derselben einen ganz andern und würdigern Verstand. Er lieset $\mathring{\eta}$ $\varepsilon\mathring{\iota}$ $\gamma\varepsilon\nu\nu\alpha\tilde{\iota}o\nu$ $\tau\iota$ $\varkappa\alpha\mathring{\iota}$ $\lambda\acute{o}\gamma o\upsilon$ $\mathring{\alpha}\xi\iota o\nu$ $\beta o\upsilon\lambda\varepsilon\acute{\upsilon}\eta\tau\alpha\iota$, $\gamma\rho\acute{\alpha}\psi\eta$ -- es führeten nämlich die Könige von Persien kein Buch bey sich, sondern sie machten sich selbst im Wagen ihre Täfelchen, damit sie etwas ernsthaftes (ich verstehe andern) von ihren eigenen Gedanken vorlesen, oder etwas auserlesenes und merkwürdiges denken möchten.

Er giebt auch in den Zusätzen zu, daß Wachstafeln zum schreiben unter den Römern und Griechen in spätern Zeiten der Kaiser üblich gewesen,

1) p. 63.   2) Var. hist. L. 14. c. 12.

von den Herculanischen Entdeckungen. 77

wesen, weil er eine Stelle in den Acten des zweyten Nicánischen Concilii¹) gefunden, welche man ihm hätte einwenden können. In dem Werke selbst aber bemerket er diese Art zu schreiben von den ältesten Zeiten der Römer²), und führet aus dem Livius das Bündniß zwischen den Römern und Albanern an, zur Zeit der Horatier und Curiatier, welches auf Wachstafeln verzeichnet worden.

Die mehresten Vergehungen dieses Gelehrten und vornehmlich seine Mißhandlung des Vaters der Dichter, hat die Begierde, etwas neues und unerwartetes zu sagen, zum Grunde; andere verleitet zugleich auf eben diese Abwege der Mangel der Materie zum schreiben, welcher in einigen Ländern, wie in einigen Classen des Wissens, groß ist; und da geschrieben seyn muß, (welches in Deutschland und jenseit der Alpen zur Achtung nöthiger als in Italien geworden ist) so wirft man sich aus Verzweiflung oft auf leere speculative Grillen, oder man sucht sich wie Herostratus an den Denkmaalen der Alten zu verewigen. Von dieser Art ist der gelehrte Ruhnken mit seinen Verbesserungen des Callimachus und anderer alten Dichter. Ich selbst aber könnte mich hier einer unzeitigen Ausschweifung schuldig machen, die einigermaßen in einem Sendschreiben zu rechtfertigen ist; ich lenke deswegen wiederum zum Ufer.

Eine der nützlichsten Betrachtungen über die Herculanischen Schriften ist zum dritten die Art und Weise der Schrift in denselben, und diese ist vorher förmlich, und hernach mit wenigem materialisch zu untersuchen.

Hier finde ich im voraus zu erinnern, daß Herr Martorelli, welcher an dem Orte selbst ist, und die besten Nachrichten hätte haben können, wider die Wahrheit redet, wenn er vorgiebt³), daß sich außer den Griechischen und Lateinischen Schriften auch andere in einer unbekannten Schrift, und wie er in dem Register redet⁴), vielleicht gar in Sabinischer Sprache finden. Dieses ist falsch; diejenigen, welche aufgewickelt sind,

---

1) Act. 4. Conc. Nic. II. tom. 8. p. 854. lit. C. edit. Venet.
2) p. 124.
3) l. c. p. 34.
4) p. XL.

sind, und andere, welche ich gesehen und betrachtet habe, sind alle griechisch. Der gelehrte Majocchi selbst glaubte in einer Rolle Schrift, mit welcher man einen lächerlichen Versuch machte, wie ich im letzten Stücke sage, Oscische Schrift zu finden: denn so, wie man leicht glaubt, was man wünscht, und dieser Mann ein Gewebe von Pelasgischen und fremden Herleitungen der Worte im Gehirne gesponnen hat, so wollte er zu Oscischer Sprache machen, was unkenntlich gemacht war. Die Osker waren die ältesten Völker in Campanien. Ferner ist der Leser vorher zu belehren, daß alle Herculanische Schriften nur auf einer Seite geschrieben sind; kein einziges ist ὀπισθογράφος, „auf der andern Seite geschrieben,„ welches vermuthlich nicht geschahe auf einfachem Papiere, wie dieses ist. Es ist auch das beschriebene auf der innern Seite der Schriften, und eben dieses machet schwer, die Art Schrift zu erkennen, ehe man anfängt, dieselben aufzuwickeln; diejenige Schrift, welche auf beyden Seiten war, muß also auf doppeltem oder gefüttertem Papiere gewesen seyn.

Alle diese Schriften sind in Colonnen geschrieben; eine jede derselben ist etwa vier gute Finger breit, so viel nehmlich ein sechsfüßiger griechischer Vers Raum erfordert, und eine Colonne enthält in einigen Schriften vierzig, in andern vier und vierzig Zeilen. Zwischen den Colonnen ist ein Finger breit Raum, und es scheinet, daß dieselben mit rothen Linien, wie in vielen Büchern des ersten Drucks geschehen, eingefasset gewesen: denn es sind die Linien umher weißlicht, welches eine Wirkung des Feuers in dem Mennige oder im Cinnober seyn wird. Eingedruckte Linien aber, wie auf Pergament, um gerade zu schreiben, spüret man hier nicht; und vielleicht, da das einfache Papier scheinet durchsichtig gewesen zu seyn, hat man sich eines untergelegten Linienblattes bedienet.

Bis itzo sind allererst vier Rollen Schriften völlig aufgewickelt, und es hat sich besonders getroffen, daß dieselben alle viere von einem und eben dem Verfasser seyn. Er heißt **Philodemus**, und war von Gadara in Syrien, von der Secte des Epicurus: Cicero[1], zu dessen Zeit er lebete,

---

[1] De Fin. L. 1. c. ult.

von den Herculanischen Entdeckungen.

lebete, und Horatius¹), gedenken deſſelben. Es iſt bekannt, daß die erſte Schrift eine Abhandlung wider die Muſik iſt, worinn der Verfaſſer zeigen will, daß dieſelbe den Sitten und dem Staate ſchädlich ſey. Das zweyte, welches aufgewickelt wurde, war das zweyte Buch von einer Rhetoric deſſelben, und wie mir verſichert worden von jemanden, welcher dieſe Schrift nach und nach beym Aufwickeln unterſuchen können, ſo war des Philodemus vornehmſte Abſicht, den Einfluß zu zeigen, welchen die Beredſamkeit in Verwaltung des Staats habe; er ſoll in derſelben die Politica des Epicurus und des Hermachus anführen. Die dritte Schrift, welche zum Aufwickeln ergriffen wurde, iſt das erſte Buch gedachter Redekunſt, und die vierte Schrift handelt von Tugenden und Laſtern.

Die erſte Schrift hat vierzig Colonnen, und iſt dreyzehen Palme lang; die zweyte hat ſiebenzig Colonnen; die dritte wird etwa zwölf Palme lang ſeyn, und die vierte dreyßig Palme: ich gebe dieſes nur aus dem gröbſten an, weil es nicht leicht iſt, dieſe aufgewickelten Schriften mit Muße zu ſehen. Nur die erſte iſt in einem Schranke des Muſei aufgehänget, wo ſie in fünf Stücke geſchnitten, ein jedes von acht Colonnen, auf Papier geleimet, und in Rame gefaſſet iſt.

Ich habe oben geſaget, daß das äußere Blatt und vielleicht noch mehrere, und mit demſelben folglich auch die Inſchrift verloren gegangen iſt: wenn dieſelbe am Ende der Schriften nicht wiederholet wäre, würde uns der eigentliche Inhalt und der Verfaſſer unbekannt geblieben ſeyn. Es hat aber eine jede Schrift ihren Titel und Verfaſſer zum Beſchluſſe der Schrift geſetzt, und die von Tugenden und Laſtern handelt, hat es zweymal unter einander in kleinerer und größerer Schrift. Unter der erſten Schrift ſtehet:

ΦΙΛΟΔΗΜΟΥ
ΠΕΡΙ ΜΟΥΣΙΚΗΣ

Unter

¹) Lib. I. Sat. 2. v. 121.

Unter der zweyten von der Redekunſt:

ΦΙΛΟΔΗΜΟΥ
ΠΕΡΙ ΡΗΤΟΡΙΚΗC
Ḃ.

Das ʙ bedeutet das zweyte Buch. Unter dem vierten ſtehet:

ΦΙΛΟΔΗΜΟΥ·
ΠΕΡΙ ΚΑΚΙѠΝ ΚΑΙ ΤѠΝ
ΑΝΑΚΕΙΜΕΝѠΝ ΑΡΕΤѠΝ

In der dritten Schrift fand ich vor fünf Jahren, da an dieselbe bereits Hand angeleget war, eine Schrift des **Metrodorus** von Buchstaben angeführet in folgender Zeile:

ΜΕΤΡΟΔѠΡΟΤΕΝ ΤѠΙ ΠΡΟΤѠΙ ΠΕΡΙ ΓΡΑΜΜΑΤѠΝ

Die Buchstaben sind alle Versal- oder Quadratlettern, und die Worte sind weder durch Puncte noch durch Commata von einander abgesondert; es ist auch der Bruch der Worte am Ende einer Zeile nicht angezeiget, und überhaupt ist kein Fragezeichen, noch andere, dem Ausdrucke zu helfen, oder wo die Stimme zu erheben ist. Die gewöhnlichen Unterscheidungszeichen wurden häufiger angebracht, da die Kenntniß der griechischen Sprache fiel. Es finden sich aber über einige Worte andere uns bisher unbekannte Zeichen, von welchen ich nachher reden werde. In der Größe kann ich die Buchstaben angezeigter Schriften mit denen in den seltenen Ausgaben etlicher griechischen Scribenten des **Laskaris** vergleichen; und diejenigen, welche die berühmte älteste Handschrift der siebenzig Dollmetſcher in der Vaticanischen Bibliothec zu ſehen Gelegenheit haben, können ſich noch einen deutlichern Begriff von der Form und Größe jener Buchstaben machen: die in der Schrift von Tugenden und Laſtern ſind größer. Es war aber damals ſchon die Curſivſchrift im Gebrauche, wie der unten angeführte Vers des Euripides zeiget.

Die

von den Herculanischen Entdeckungen.

Die Form der Buchstaben ist verschieden von dem Begriffe der Schrift in diesen Zeiten: denn die Buchstaben mit hervorspringenden Stäben, als am Λ, sind von denen, welche die Schreiberey der alten Griechen untersuchet haben, in spätere Zeiten gesetzet, und Baudelot¹) sagt keck und ohne Ausnahme, daß so geformte griechische Buchstaben von spätern Zeiten seyn; diese Art sich auszudrücken ist bekannt, und er will damit die letzten Zeiten der Römischen Kaiser anzeigen. Es sind alle alte Tabellen von dem verschiedenen Alter griechischer Buchstaben, die bisher an das Licht getreten sind, fehlerhaft, und dieses kann sonderlich aus Münzen dargethan werden. Das Omega z. E. geschrieben ω in Quadrat-Lettern, setzet Montfaucon in die Zeiten des Domitianus, und es befindet sich bereits ein paar hundert Jahre zuvor auf Münzen Syrischer Könige, und in eben der Cursiv-Forme stehet es in der Inschrift auf dem Rande der großen Vase von Erzt im Campidoglio, welche Mithradates Eupator, der letzte berühmte König von seinem Stamme in Pontus, in ein von ihm gestiftetes Gymnasium geschenket hatte. Es kann aber die Unrichtigkeit in dieser Art Zeitrechnung zu sehr irrigen Begriffen verleiten, wie an dem wunderbar schönen Sturze eines Hercules im Belvedere, oder dem sogenannten Torso des Michael Angelo, geschehen seyn würde, wenn man sich Mühe geben wollen, über das Alter desselben zu denken, und dasselbe aus der Inschrift des Namens des Künstlers an demselben zu bestimmen gesucht hätte: es schreibt sich derselbe ΑΠΟΛΛΩΝΙΟΣ. Wenn nun die Form des Omega ω, so spät, als man geglaubet hat, in Gebrauch gekommen, so würde diese Statue gemacht seyn zu den Zeiten, da man schwerlich ein solches Werk hätte hervor bringen können, und unsere Begriffe von der Kunst dieser Zeiten würden sehr unrichtig seyn. Die besondere Form zeiget sich in einigen Buchstaben, als Λ, λ, Ε, ε, λ, μ, ρ, ω; das Sigma ist allezeit rund. Diese angezeigten Buchstaben sind häufiger auf Griechischen Inschriften des zweyten und folgenden Jahrhunderts der Kaiser, als vor dieser Zeit, und zuweilen springet ein Stab nach der entgegen gesetzten Richtung hervor, wie auf einer irdenen Lampe²) ΔΙΟΚΛΗΤ.

---
1) Utilité des Voyag. T. 2. p. 127. 2) Passeri Lucern. T. I. tab. 24.

Abbreviaturen oder abgekürzte Worte finden sich hier, wie in allen andern Griechischen Handschriften mit großer Schrift, gar nicht, so wie die ältesten Handschriften in Cursiv-Schrift auf Pergament wenige oder gar keine haben, und die häufigen Abkürzungen sind mit ein Kennzeichen späterer Zeiten, und haben sonderlich in griechischen Handschriften vom dreyzehenten Jahrhunderte verwünschte Züge. Einige Abkürzungen aber tragen zur schönen Form der griechischen Cursiv-Schrift bey, und geben derselben eine Runde, eine Freyheit und Verbindung.

Ueber einigen Buchstaben stehen Puncte und Querstriche, welche wir Accente nennen; ingleichen siehet man im zweyten Buche der Redekunst über einige Worte andere und in kleinerer Schrift gesetzt; in folgenden zwo Zeilen aus dieser Schrift und auf deren zehenten Seite siehet man eins und das andere:

ΗΘΕΙΔΣΠΟΛΛΗΣΟΥΚΟΥΝ ΛΗΠΟ---- ΣΙΑΤΟΥΤΟΙΣ
--ΤΕΤΗΤΕΡΤΟΡΙΚΗΙ ΚΑΙ ΔΥΝΑΜΕΙ

Von den drey Puncten über ΚΑΙ finde ich nichts auch nur entfernt zu muthmaßen; ΟΥΚΟΥΝ aber hat offenbar seinen Accent. Die älteste griechische Inschrift, welche die Accente hat[1]), ist vielleicht von späterer Zeit. Wir wissen aber, daß dieselben in frühern Zeiten im Gebrauche gewesen, da so gar die Samniter[2]) gewisse Sylben mit denselben bezeichneten. Unter den Griechen schrieb man einem Aristophanes von Byzantium, welcher an zweyhundert Jahre vor Christi Geburt lebete, die Erfindung derselben zu. Es hat auch der Vers[3]) des Euripides:

ὡς ἐν σοφὸν βούλευμα τὰς πολλὰς χεῖρας νικᾷ

welcher an der Mauer eines Eckhauses einer Straße im Herculano stand, die zum Theater führete, seine Accente, wie sie gewöhnlich und hier gesetzet sind. Bey den Römern war eine Art von Accenten in ihren besten Zeiten gebräuchlich, und die Inschriften vom Augustus bis auf den

Nero

---

1) Fabret. Inscr. p. 288. n. 216.
2) Olivieri Diss. sopra alc. Medagl. Sannit.
p. 139. nel Tomo 4. delle Diss. dell' Acad. di Cort.
3) Pit. Ercol. T. 2. p. 34

von den Herculanischen Entdeckungen.

Nero[1]) unterscheiden sich durch dieselbe; und bloß aus diesem Grunde halte ich folgende kürzlich zu Rom gefundene Inschrift, welche keine Anzeige von Jahren hat, aus dieser Zeit:

CELER. PRIMI. AVG. LIB. LIBERTVS.
ET. GEMINIAE. SYNTYCHÉ. CON
IVGI. ET. FLAVIO. CELERIONI. ET. HE
LENE. CELERINAE. FILIIS. POSTERIS
QVE. SVIS. FÉCIT

Es hat also ein Gelehrter[2]), welcher behauptet, daß die alten Inschriften alle ohne Accente sind, nicht viele gesehen. Das übergeschriebene Wort in diesen zwo Zeilen nebst gewissen Buchstaben, die über andern stehen, sind merkwürdig; in Erklärung derselben will ich mich nicht einlassen: so viel siehet man, daß es Aenderungen und Verbesserungen sind, wie unter andern das H über das T, welches in PTOPIKHI ausgelassen worden. Man will aus diesen Aenderungen schließen, daß dieses zweyte Buch der Redekunst der eigenhändige Entwurf des Philodemus sey, welches nicht sehr unwahrscheinlich ist, und dieses würde zu muthmaßen veranlassen, daß das Landhaus, in welchem diese Schriften gefunden sind, vielleicht gar diesem Philosophen eigen gewesen. Dieses aber ließe befürchten, nichts als Philodemische Schriften zu entdecken, da ein bloßer Zufall ohne Wahl die vier ersten Stücke von seiner Feder ergreifen lassen.

So viel von dem Förmlichen der Schrift: das Materialische derselben sind Dinte und Feder. Die Dinte der Alten war nicht so flüssig, wie die unsrige, und war nicht mit Vitriol gemacht. Dieses kann erstlich aus der Farbe der Buchstaben geurtheilet werden, welche schwärzer noch, als die gleichsam in Kohlen verwandelten Schriften sind, wodurch das Lesen derselben sehr erleichtert wird. Denn wenn es Vitriolische Dinte wäre, würde dieselbe die Farbe, zumal im Feuer, geändert haben, und gelb geworden seyn, wie es die Dinte in allen alten Handschriften auf Pergament ist. Ferner würde eine solche Dinte die zarten Häute

des

1) Fabret. Inscr. p. 168. 170. 235.   2) Basnage Pref. à l'Hist. des Juifs, p. 38.

des Papiers zerfressen haben, wie sie es in Handschriften auf Häuten gemacht hat: denn in dem ältesten Virgilio und Terentio der Vaticanischen Bibliothec sind die Buchstaben vertieft in dem Pergamente, und einige sind durchlöchert durch die fressende Schärfe des Vitriols.

Daß die Dinte der Herculanischen Schriften nicht flüßig gewesen, zeiget die Erhobenheit der Buchstaben, welche sich entdecket, wenn man ein Blatt horizontal gehalten an das Licht besiehet; es sind dieselben alle von dem Papiere erhaben: folglich war dieselbe mehr der Sinesischen als der unserigen Dinte ähnlich, und eine Art von Farbe. Dieses erhellet auch aus einer Stelle des *Demosthenes*[1]), wo derselbe dem Aeschines vorwirft, daß er aus Armuth in seiner Jugend sich gebrauchen lassen, die Schule auszukehren, die Bänke in derselben mit einem Schwamme abzuwaschen und Dinte zu reiben: [τὸ μέλαν τρίβων] es wurde also die Dinte wie Farbe zubereitet, und kann also nicht flüßig gewesen seyn. Eben dieses zeiget auch die Dinte, welche sich in einem im Herculano entdeckten Dintenfasse befindet, die wie ein dickes Oel ist, und noch itzo zum Schreiben dienen könnte.

Es wollte ein Gelehrter zu Neapel muthmaßen, daß die Dinte der Alten vielleicht der schwarze Saft des bekannten Fisches Sepia gewesen sey, welcher Fisch daher itzo auch Calamaro heißt. Dieser Saft hieß bey den Griechen ὅλος, und Hesychius erkläret es μέλαν τῆς σηπίας „das Schwarze der Sepia„ und dienet dem Fische zu Vertheidigung wider andere größere Fische, welche ihn verfolgen: es läßt derselbe alsdenn den Saft aus der Blase von sich, wodurch das Wasser trübe und schwarz wird, und verhindert, daß die andern Fische nicht sehen können. Eben so wie der Fuchs, wenn ihm die Hunde nachsetzen, sein Wasser läßt, welches durch den starken Geruch den Hunden die Fährth verwirret, und dem Fuchse Gelegenheit giebt, zu entkommen. Wir finden aber von dem Gebrauche dieses Safts zum schreiben keine Meldung.

Das Werkzeug zum schreiben war eine sogenannte Feder von Holz oder Rohr, wie unsere Schreibfedern geschnitten, und zwar mit einem etwas

---

1) Orat. περι στφ. fol. 42. a. lin. 4. edit. Ald. 1554.

etwas langen und nicht ausgehohlten Schnabel. Eine solche Feder aus Burbaum, wie es scheinet, hat sich erhalten, aber ist versteinert, und eine andere siehet man auf einem Gemälde [1]) an ein Dintefaß gelehnet: diese scheinet aus den Gliedern, an derselben gezeichnet, aus Rohr zu seyn. Eine andere Feder hält eine weibliche Figur von gebrannter Erde [2]) in der Hand, und hier und auf einem geschnittenen Steine des Stoßischen Musci siehet man, daß die Alten die Federn eben so wie wir gefasset hatten. Der Schnabel muß ziemlich spitz gewesen seyn: denn die Buchstaben sind fein gezogen; da aber die Feder ohne Spalte war, konnte man den Buchstaben nicht so viel Licht und Schatten geben, als mit unsern Federn geschehen kann; es unterscheiden sich die Züge sehr wenig in der Stärke oder Dicke.

Die Zugabe dieses dritten Stücks mögen die Palimpseste seyn, oder die Tafeln mit Wachse überzogen, worauf man die ersten Entwürfe der Gedanken schrieb, um dieselben in dem Wachse geschwinde auszulöschen und zu ändern; und dieses geschahe durch ein Instrument, welches keilförmig ist und eine scharfe Breite hat: man siehet es in diesem Museo wirklich und auch gemalt. Es befinden sich unter den Königlichen Alterthümern zu Dreßden solche vorgegebene Wachstafeln von ziemlicher Größe, und mit Riemen zusammengehänget, auf welchen man einige alte Züge zeigete; woher und wie dieselben dahin gerathen seyn, weiß ich nicht: ich habe sie aber schon vor meiner Reise nach Italien für das gehalten, was sie sind, nämlich für eine grobe Betrügerey, wie diejenigen seyn müssen, welche sich in der Bibliothec des Gymnasii zu Thorn in Pohlnisch-Preußen befinden sollen, welches ich ehemals unter andern, deucht mich, in Heumanns Conspectu reipubl. litter. gelesen habe. In den Herculanischen Entdeckungen haben sich wahrhafte solche Tafeln gefunden, welche umher einen Rand von starkem silbernen Bleche haben, das Holz aber ist zu Kohlen gebrannt: es lagen dieselben im vergangenen Winter noch in der Vorrathskammer des Musci. Diese Stücke wurden gefunden, nachdem Herr Martorelli sein Werk bereits geendiget hatte: denn diese hätten ihn überführen sollen, daß die Wachstafeln viel eher, als in den spätern Zeiten der Griechen

---

[1]) Pitt. Ercol. T. 2. p. 55.   [2]) Ficoroni Masch. p. 143.

Griechen und Römer, wie er in den Zusätzen seines Werks gedachter maßen vorgiebt, im Gebrauche gewesen. Aber da er wider den Augenschein einen Scepticus machen will, welches keiner von der alten Secte gethan hat, so haften an ihm keine Gründe.

Was endlich zum vierten die Aufwickelung dieser alten Schriften betrifft, so wurden, zu derselben zu gelangen, anfänglich verschiedene Versuche gemacht; ja noch nachher, da eine geraume Zeit auf dem ißigen Wege, welchen ich beschreiben werde, gearbeitet war, glaubte man, ein geschwinderes Mittel zu finden, und der Einfall war folgender. Herr Mazocchi ließ eine große Rolle Schrift unter eine gläserne Glocke legen, in der Meynung durch die Hiße die Feuchtigkeit, welche sich etwa in derselben verhalten könnte, auszuziehen, wodurch die Blätter sich von selbst auseinander lösen sollten. Dieser Versuch aber mißlung: denn die Hiße der Sonne zog die Feuchtigkeit heraus, aber zugleich die Dinte mit, und die Schrift wurde theils verworren, theils gänzlich unscheinbar, und diese Buchstaben sahe man für Oscische Schrift an.

Endlich wurde ein Vorschlag, welcher aus Rom dem Hofe vorgelegt wurde, gut und sicher gefunden, und man ließ den Erfinder unter einem monatlichen Gehalte von dreyßig Ducati Napoletani, nebst freyer Wohnung und Besorgung des nöthigen Hausgeräths, aus Rom nach Portici kommen. Dieser ist P. Antonio Piaggi, ein Genueser, von dem Orden Piarum Scholarum, ein Mann von großem Talente, welcher die Stelle eines Scrittore latino und Aufsehers der Miniaturgemälde in der Vaticanischen Bibliothec unter dem gewöhnlichen Gehalte der Scrittori, von funfzehen Scudi monatlich, versahe. Ueber die Gemälde wurde er wegen seiner Geschicklichkeit im Zeichnen und auch in dieser Art Malerey gesetzet, und es hat es nicht leicht jemand höher, als derselbe, gebracht in Nachahmung aller Art Schriften. Man zeiget in der Vaticana ein Blatt verschiedener Schriften in allerley Sprachen von dessen Hand, unter welchen die erste Seite eines kleinen Türkischen Gebethbuchs ist, die von dem unendlich klein und zierlich geschriebenen Originale daselbst nicht kann unterschieden werden: von dieser Art Schrift desselben siehet man auch ein Blatt

von den Herculanischen Entdeckungen.

in der Königinn Zimmer auf dem Schlosse zu Portici. Dieser Mann übernahm also die so besorgliche, peinliche und langwierige Arbeit, an welcher er noch fortfähret, nebst einem Gehülfen, welcher sechs Ducati monatlich hat, und ein jeder von ihnen arbeitet an einer besondern Rolle Schrift.

Das Gestell von Holz zu dieser Arbeit gleichet in einiger Entfernung, und bey dem ersten Anblicke einer Buchbinder-Presse, in welcher ein Buch zum heften mit dessen Riemen aufgespannet ist. Es ruhet auf einem Fuße mit einer ausgedreheten gewundenen Schraube, um jenes auf diesem nach Belieben zur Bequemlichkeit drehen zu können. Auf diesem Schraubengestelle beweget sich ein längliches Bret, auf welchem von jeder schmalen Seite desselben sich zween runde Stäbe mit gewundenen Schrauben erheben, um ein oberes Bret vermittelst derselben, hinauf und herunter zu drehen. In der Mitten des untern Bretes sind in der Länge der Schriften, das ist, bey nahe einen Palm von einander entfernet, und von eben der Höhe, zwo kleine stählerne Stangen mit Schraubenwerke senkrecht befestiget, welche oben ein stählernes Blech, in Gestalt eines halben Mondes beweglich haben, in deren Hohlung die Rolle Schrift geleget wird; und diese Bleche sind zu mehrerer Vorsicht mit Baumwolle bewunden; diese Stäbe können unter dem Brete höher und niedriger geschroben werden. Außer dem schwebet die Schrift in zwey Bändern eines kleinen Fingers breit, die an dem obern Brete, welches verschiedene lange offene Einschnitte hat, ein jedes an zween Wirbeln, wie die an Violinen sind, hindurch, durch diese Einschnitte oben befestiget sind, und vermittelst der Wirbel angezogen und nachgelassen werden können, damit die Schrift, die in denselben hänget, nach allen Seiten, ohne dieselbe zu berühren, sanft gewälzet und gedrehet werde. Auf die Zwischenstäbe der Einschnitte dieses obern Bretes sind noch andere kleinere Wirbel, seidene Faden zu drehen, deren Gebrauch ich so gleich anzeigen werde.

Wenn nun eine Rolle Schrift zum Aufwickeln aufgehänget ist, und das äußerste Ende gefunden worden, fängt man an, einen kleinen Fleck einer Erbse groß mit einem gewissen Leime durch einen sanften Pinsel zu bestreichen, welcher die Eigenschaft hat, los zu weichen und abzusondern, und

zugleich

zugleich kleben macht. Zu gleicher Zeit wird an das bestrichene Fleckchen der unbeschriebenen äußern Seite des Papiers (denn diese Seite ist, wie oben gesagt worden, leer, und die Schrift einwärts) ein Stückchen von einer dünnen Blase in der Größe der bestrichenen Stelle, oder auch mehrere kleinere, geklebet, welches hilft das bestrichene Fleckchen Papier von dem nächsten Blatte, so weit es bestrichen ist, loszuziehen. Diese Blasen sind von Schweinen oder auch Schafen, welche insgemein die Goldschläger gebrauchen, und werden hier, so dünne sie immer seyn mögen, zu Fütterung dieses Papiers von neuem in ihrer Dicke getheilet und von einander gerissen, und alsdenn zum Gebrauche in ganz kleine Stückchen zerschnitten. Auf diese Art fähret man fort, zu bestreichen und zu füttern, und wenn dieses der Länge der Schrift nach, etwa einen kleinen Finger breit, geschehen ist, so werden an verschiedenen Orten mit eben dem Leime seidene Faden an der gefütterten Seite angeklebet, und diese vermittelst der Wirbel, einer nach dem andern, ganz gemach und sanft angezogen, wodurch sich der gefütterte Streifen Papier von der Rolle vollends ablöset, und durch diese Faden in die Höhe gehalten wird. Diese Faden halten das abgelösete Papier beständig senkrecht, und wenn endlich so viel von der Rolle Schrift abgelöset worden, daß es nöthig ist, demselben mehrere Hältniß, als durch Faden geschehen kann, zu geben, so wird das abgelösete durch einen der langen Einschnitte des obern Bretes gezogen, und nach und nach, wie die Arbeit zunimmt, um einen runden beweglichen Stab oder Walze, die zu oberst des Gestelles liegt, herum gelegt, auf Lagen von Baumwolle, so daß wenn die Schrift völlig aufgewickelt worden, dieselbe sich um diese Walze herum geleget befindet. Es bleiben indessen die seidenen Faden allezeit nöthig: denn sie dienen allezeit, den kürzlich gefütterten Theil von dem nächsten Blatte absondern zu helfen. Von der Walze wird hernach die Schrift behutsam abgewickelt, ausgebreitet und abgeschrieben. In vier bis fünf Stunden Arbeit kann nicht mehr als ein Finger breit längst der Rolle Papier gefüttert und abgelöset werden, und zu einer Spanne breit wird ein ganzer Monat erfordert. Dieses ist kürzlich, und so viel ohne Abbildung des Werkzeugs geschehen kann, der ganze Proceß des Verfahrens.

von den Herculanischen Entdeckungen.

Es sind nächstdem auch die Schwierigkeiten bey dieser Arbeit zum deutlichen Begriffe von derselben anzuzeigen; und diese liegen nicht in der Natur des Papiers, sondern an dessen itziger Beschaffenheit. An sehr vielen Orten siehet dasselbe gegen das Licht besehen, wie ein zerrissener Lumpen aus, und dieses rühret von der Feuchtigkeit her, vornehmlich von denjenigen Wassergüssen, welche in Ueberschüttung dieser Stadt durch die Asche dieselbe zu gleicher Zeit überschwemmeten. Dieses Wasser ist in die Schriften hinein gedrungen, und hat sich in vielen verhalten, und mit der Zeit die Blätter mürbe gemacht und zerfressen. Dieser Schade äußert sich nicht vor der Aufwickelung; denn man könnte sonst Schriften suchen, die weniger gelitten. Die Blätter sind dermaßen dünne, daß, wo in einem eine Lücke ist, das folgende, welches unter demselben lieget, mit jenem nur ein einziges Blatt auszumachen scheinet, und die Lücke gleichsam vollfüllet. Daher geschiehet es, daß, wenn der Leim angestrichen wird, wo die Lücke ist (da dieselbe selten sichtbar wird) von dem unterliegenden Blatte so viel als bestrichen ist, losgerissen wird, und in die Lücke des oberen hinein tritt. Hierdurch wird also nothwendig eine Verwirrung, und das untere Blatt bekömmt, da wo es vielleicht ganz gewesen, eine Lücke oder Loch. Eben so gefährlich ist die Arbeit an den Fugen der aufeinander geleimten Stücke Papier: denn wenn diese Fuge durch das Anstreichen des Leims aufgelöset wird, so kann es leichtlich geschehen, daß der Leim durch die Fuge hindurch dringet bis an das folgende Blatt, und ein Stück von demselben an das obere, woran gearbeitet wird, anklebet, und dasselbe aus dessen Blatte losreißt. Man siehet aus diesem Berichte, daß es nicht allein schwer ist, geschwinde zu gehen, sondern daß auch nicht viel zu hoffen sey; wenigstens kann der Nutzen aus Schriften, wie die angezeigten sind, wenn sie auch nicht zerstümmelt und zerfressen wären, nicht groß seyn: denn wir haben mehr als eine Redekunst von den Alten, und die vom Aristoteles könnte uns statt aller dienen; an Büchern der Moral, und von Tugenden und Lastern fehlet es auch nicht; und auch hier haben die Schriften des Stagiriten den Vorzug vor allen.

Man wünschte Geschichtschreiber zu finden, wie die verlohrnen Bücher des Diodorus, die Geschichte des Theopompus und des Ephorus, und

andere

andere Schriften, als des Aristoteles Beurtheilung der Dramatischen Dichter, die verlohrnen Tragödien des Sophocles und des Euripides, die Comödien des Menanders und des Alexis, die Symmetrie das Pamphilus für die Maler, und einige Werke von der Baukunst: an einer hypochondrischen und zerstümmelten Klage wider die Musie ist uns nicht viel gelegen. Man hätte daher gewollt, daß an statt die entwickelten zu endigen, da man den gemeinen Inhalt derselben gesehen, nur der Anfang allein von vielen Schriften aufgelöset und untersuchet worden wäre, bis man einige von nützlichem Inhalte gefunden hätte, und an diesen die Arbeit fortzusetzen, andere aber, bis man jene entwickelt, liegen zu lassen.

Die große und lange Erwartung der gelehrten Welt auf diese Schriften einiger maßen zu erfüllen, hatte der P. Antonio Piaggi den Vorschlag gethan, das Entwickelte nach und nach mit Scheidewasser in Kupfer zu ätzen und bekannt zu machen, damit sich die Sprachkundigen an Erklärung dieser Schriften machen könnten. Er hatte auch eine Colonne der ersten Schrift selbst zur Probe geätzet, und seinen Obern vorgeleget; es wurde aber dieser Weg nicht beliebet, damit den Gliedern der Königlichen Academie, die sich hierzu tüchtig finden, dieses vorbehalten bleibe: so viel ich indessen habe erforschen können, ist weiter an Bekanntmachung derselben nicht gedacht. Gedachter Geistliche fähret fort, ohnerachtet er kein Griechisch verstehet, was er aufgewickelt hat, nachzumalen, und von dessen Abschrift wird es nachher ins Reine geschrieben.

Ich beschließe dieses Sendschreiben mit einer kurzen Anzeige von der Einrichtung des Herculanischen Musei zu Portici. Es ist dasselbe aus Mangel des Raums, und wegen der großen Menge von allerhand Art Entdeckungen getheilet, so daß die Gemälde in besondern Zimmern stehen, die mit dem eigentlichen Museo keine Gemeinschaft haben: dieses aber ist angeleget in dem ersten Gestocke eines Anhangs am Königlichen Schlosse, welcher einen viereckigten Hof einschließet. Diese Zimmer sind alle gewölbet, und anfänglich waren nur viere derselben besetzet, nebst zwo Vorrathskammern: itzo aber sind alle Zimmer des ersten Gestocks dieses Gebäudes auf drey Seiten um den Hof herum, welches siebenzehen sind, dazu eingeräumet.

Der

von den Herculanischen Entdeckungen.

Der Eingang ist gegen Morgen und mit einer Wache besetzt; beym Eintritte zur Linken ist ein Zimmer des Königlichen Thürhüters, welcher ein grosses eisernes Gitter mit vieler Arbeit von Erzt, eröffnet, um in den innern Hof zu kommen. Hier fällt das Pferd von Metalle zu erst in die Augen, welches gegen Abend gewandt ist, und an dieser Seite so wohl als zur rechten Hand stehen Statuen von Marmor, und zwischen denselben und an der linken Seite stehen alte Einfassungen von Brunnen, Altäre, Säulen, und verschiedene Werke von gebrannter Erde, als Glireria, Cornischen von gemeinen Häusern u. s. f. An eben dieser linken Seite und auch über dem Eingange sind alte Inschriften eingemauert. In diesem Hofe liegen auch die beyden Säulen von Marmor, von dem Grabmaale des **Herodes Atticus** und **der Regilla** mit der bekannten Inschrift, welche aus dem Pallaste Farnese zu Rom sind hierher gebracht worden; aber man findet hier keinen Platz, diese grosse Säule aufzurichten.

Ueber dem Eingange zu dem Museo selbst stehen folgende zween Verse in vergoldeten Buchstaben von Erzt, von dem gelehrten Mazocchi gesetzt:

HERCVLEAE EXVVIAS VRBIS TRAXISSE VESEVI EX
FAVCIBVS VNA VIDEN REGIA VIS POTVIT.

Ein witziger Neapolitaner sagte, man merke, daß der Verfasser dieses Distichon auf dem Nachtstuhle gemacht habe, und man stelle sich ihn in demselben mit Gebährden einer schweren Geburt vor, wie sie sich die Römer, nach dem Suetonius, in dem Gesichte des Vespasianus (nicentis) bildeten. Es verursachen diese Verse daher auch andern ein Grimmen, und das EX und die Verschmelzung des vorhergehenden Worts in dieselbe, bleiben zwischen den Zähnen hängen; das geflickte VIDEN schmeckt nach der Schulruthe. Unterdessen kann der Dichter wegen des EX ein paar Verse des Homerus anführen, welche mit ἐξ endigen. Es gefiel diese Inschrift einer Person, welcher man auch in Dingen, die sie nicht verstand, durchaus nicht widersprechen durfte, und da dieselbe mit diesem entschiedenen Urtheile dem Staats-Secretair Herrn Marchese Tanucci gezeiget wurde, zog er die Achseln, entwarf aber mit eben der Fertigkeit, mit welcher er einen Brief dictiret, folgende Inschrift:

Herculeae monumenta vrbis quo reddita fatis
Esse Tito credas, reddita sunt Carolo.

Der Eingang zum Museo selbst führet zu einer Windeltreppe, die diesem Orte nicht sehr gemäß ist, und über dieselbe stehet eine andere etwas leidlichere Inschrift von dem Dichter der vorigen:

CAROLVS REX VTRIVSQVE SICILIAE PIVS FELIX AVGVSTVS
STVDIO ANTIQVITATVM INCENSVS QVIDQVID VETERIS GAZAE
EX EFFOSSIONIBVS HERCVLANENSIBVS POMPEIANIS STABIENSIBVS
CONTRAHERE TOT ANNIS IMPENDIO MAXIMO POTVIT
IN HANC MVSARVM SEDEM ILLATVM SVISQVE APTE PINACOTHECIS DISPOSITVM
VETVSTATIS AMATORIBVS EXPOSVIT ANNO CIƆ IƆCCLVIII.

Auf der Treppe stehen die sechs angezeigten weiblichen Statuen von Erzt.

Das erste Zimmer enthält vornehmlich Opfergefäße, und in der Mitten stehen zwo runde marmorne Tische, und auf denselben die zween schönen Dreyfüße, nebst einem runden Focolare von Erzt, ein Zimmer mit Kohlen zum Heizen oder zu anderm Gebrauche: es hängen auch daselbst die gemalten Musen nebst dem Apollo, welche in dem zweyten Bande der Herculanischen Gemälde gestochen sind. In dem zweyten Zimmer sind vermischte Gefäße zu verschiedenem Gebrauche, und der Fußboden zu demselben ist das schöne Paviment aus der Herculanischen Villa. In dem dritten und vierten Zimmer ist das übrige von kleinem Geräthe aufgestellt, und das letzte Zimmer ist zugleich der Ort, wo an Aufwickelung der alten Schriften gearbeitet wird. Das fünfte Zimmer enthält die Brustbilder von Erzt, welche auf niedrigen Schränken in den Zimmern umher stehen, nebst den Schränken der alten Schriften, und der Fußboden in demselben ist ein altes Musaico von dreyßig Römischen Palmen in der Länge und von sechzehen in der Breite, und dieses ist zugleich das Maaß des Zimmers. In dem sechsten Zimmer stehen die alten Leuchter, und in einem zu demselben gehörigen Gewölbe nach Art einer Küche gebauet, stehen und hängen die alten Küchengeräthe. In dem siebenten Zimmer stehen Werke von Marmor, und unter andern drey viereckigte Gefäße, die rund ausgehölet sind, mit einem zierlich ausgearbeiteten Rande, welche zum Weihwasser in Tempeln dieneten: es stehet auch hier die Hetrurische Diana. In dem achten Zimmer stehen die drey schönsten

ſten Statuen von Erzt, der Silenus, der junge ſchlafende Satyr und der Mercurius, nebſt den ſchönſten vier Gemälden, welche zu Stabia an der Mauer angelehnet gefunden wurden. Das neunte Zimmer wird mit großen erhobenen Arbeiten von Gips und mit figurirten Stücken Muſaico, die ſich erhalten haben, ausgeſetzet: unter den erſtern iſt eine heroiſche Figur, die ſich auf einen ovalen Schild ſtützet, an deſſen äußerm Rande ein Haken hänget, den Schild aufzuhängen, welches ich nirgendwo gefunden habe. In demſelben Zimmer iſt auch eine alte Niſche von groben Muſaico, die man völlig hervorgezogen, angebracht; ſie hält ſechs Palmen und fünf Zolle in der Breite.

Die übrigen Zimmer ſind noch nicht zu beſondern Dingen beſtimmet. In dem zehenten ſtehen einige erhobene Arbeiten in Marmor von ſchöner Arbeit: das eine ſtellet einen Satyr vor, welcher auf einem Eſel mit einer Glocke am Halſe reitet; auf einem Felſen ſtehet ein Herme eines Priapus, mit einem Horne des Ueberfluſſes, gegen welchen der Eſel ſchreyet und ſein Glied erhebet. Ein anderes im Herculano gefunden mit deſſen alter Corniſche umher, zeiget eine halb nackt weibliche Figur auf einem Seſſel ohne Lehne, welche auf der linken Hand eine Taube hält, und mit der rechten mit derſelben ſpielet; vor ihr ſtehet eine bekleidete weibliche Figur, welche die linke Hand auf einen Herme des Priapus geleget hat, und mit der andern ihr Kinn geſtützt hält. Hinter jener Figur ſtehet ein bärtiger Indiſcher Bacchus auf einer runden Baſe, und hält eine Schaale in Geſtalt einer Muſchel, wie eine weibliche Figur auf der ſogenannten Aldobrandiniſchen Hochzeit Salbe in eine ſolche Schaale gießt. Beſonders merkwürdig iſt Socrates, welcher auf einem Cubo ſitzet, über welchen eine Löwenhaut geworfen iſt, und hält mit der rechten Hand die Schaale mit der Cicuta oder dem Gifte, welchen er zu trinken verdammet wurde; über den Arm hält er in die Quere einen knotigten Stab gelegt. Dieſes Stück iſt einen Palm und neun Zoll hoch oder breit, und wenig länger.

Neben dem erſten Zimmer ſind zwo Vorrathskammern, ein Münzcabinet und eine Sammlung benöthigter Bücher für den Aufſeher. Die vier erſten Zimmer haben die Ausſicht in den Garten hinter dem Schloſſe, und auf das ganz nahe Meer, wo sich die Spitze Pausilipo, die Insel Capri, Sorrento, und der ganze Meerbusen von Neapel zeiget: die letzten Zimmer über dem Portale gehen auf die Straße.

Von den besten Statuen und Brustbildern hat man angefangen, Gipsabgüsse zu machen, welche nach Spanien geschickt werden, oder besser zu reden, die Formen zu denselben. Die großen Statuen von Erzt und andere in Marmor sind für die Gallerie bestimmet, die in demjenigen Theile des vierseitigen Schlosses angeleget wird, welches der vornehmsten Seite desselben gegenüber ist. Zu derselben sind umher prächtige Säulen von Giallo antico, auch zwanzig von dem seltenen und kostbaren Verde antico oder Laconico, alle aus einem einzigen Schafte, bestimmet, unter welchen sich vier befinden, die im Pallaste Farnese zu Rom waren; die andern sind anderwärts in Rom zusammen gebracht.

Zu Erklärung und Beschreibung aller dieser Entdeckungen ist von dem itzigen Könige von Spanien eine Academie gestiftet, welche vor fünf Jahren aus funfzehen Personen bestand, unter welchen der Canonicus Mazocchi einer der vornehmsten und ohne Widerspruch der gelehrteste ist. Diese Mitglieder versammlen sich wöchentlich einmal bey dem itzigen Staats-Secretair Hrn. Marchese Bernard Tanucci, aus Florenz, welcher selbst an den Ausarbeitungen dieser Academie viel Antheil hat und nimmt, wie mir dieser gelehrte Minister selbst gesagt hat. Denn da die Erklärungen zu dem ersten Bande ihm vorgeleget wurden, fand er dieselben so ausgedehnt und mit überflüßiger zusammen gestoppelter Belesenheit überladen, daß er sich gezwungen sahe, selbst Hand anzulegen und mit dem Messer zu arbeiten, um das Unnöthige wegzuschneiden, und das Wesentliche enger zusammen zu bringen, und es ist dennoch wegzunehmen übriggeblieben.

Hochgebohrner Graf! aus diesem Sendschreiben, welches ich auf dem Lande und auf einem der prächtigen Lusthäuser meines Herrn, und, ich kann sagen, Freundes, des Hrn. Cardinal Alexanders Albani, zu Castel Gandolfo, und folglich entfernt von Büchern, entworfen habe, kann mit der Zeit eine ausführlichere Abhandlung werden: denn ich werde suchen, diese Schätze von Zeit zu Zeit wiederum zu sehen, welches auch diesen Herbst vielleicht geschehen wird. Dieser

von den Herculanischen Entdeckungen.

Dieser Aufsatz, sollte derselbe in einer fremden und den Herren von Trevour verständlichen Tracht erscheinen, wird keine Gelegenheit geben können zu dem Vorwurfe *), welchen mir dieselben über die Beschreibung der Stoßischen geschnittenen Steine gemacht haben. Dieser betrifft die ihnen unbekannten Bücher, welche ich angeführet habe; es wäre vielleicht auch hier geschehen, wenn ich mich in Rom und in meiner Bibliothec befunden hätte. Gedachte Herren, welche sich zu Richtern über alle Art Schriften aufwerfen, können da, wo sie sind, nicht fähig seyn, über die von Alterthümern, sonderlich die in dem Sitze derselben ausgearbeitet sind, zu urtheilen. In Schriften von derjenigen Mode-Art, wie mes Pensées sind, haben keine angeführte Bücher Platz: aber wo man anderwärts bekannt gemachte, gut oder übel erklärte und erläuterte Denkmaale und seine Meynung über dieselben anzuführen hat, ist dieses unvermeidlich. Man hätte vielmehr bemerken sollen, daß dieses nebst der übrigen Belesenheit nicht mit dem Sacke, sondern mit der Hand sparsam ausgestreuet ist, und daß Materie vorhanden war, ein großes Werk in folio zu schreiben, wenn man sich nicht das Gesetz gemacht hätte, nichts mit zwey Worten zu sagen, was mit einem einzigen geschehen konnte. Hernach ist es ja nicht meine Schuld, daß die Herren Censores die Bücher, welche ein Antiquarius kennen muß, nicht haben noch kennen, eben so wenig als ich nicht Schuld habe, daß sie ihre geringe Belesenheit zu erkennen geben. Man wirft mir auch die nach dem Deutschen schmeckende französische Schreibart vor, welchem Tadel ich gleichwohl in der Vorrede durch offene Bekenntniß meiner wenigen Uebung in derselben zuvor gekommen war. Die Arbeit mußte in einer fremden Sprache entworfen werden, und hierzu wurde die französische aus vielen Ursachen für die bequemste gehalten: ich entwarf aus dem gröbsten, und ließ durch einen Sprachkundigen ausbessern, und in dieser Ausbesserung machte ich von neuem Aenderungen. Ich schäme mich nicht, zu bekennen, daß ich meiner eigenen Muttersprache nicht in ihrem völligen Umfange mächtig bin; und es hat mir hier an vielen Kunst- und Handwerks-Wörtern gefehlet, die ich leichter im Welschen hätte geben können.

Sollte

---
*) Mem. de Trevoux, l'an. 1760. mois Sept. p. 2119.

96 Sendschreiben von den Herculanischen Entdeckungen.

Sollte Ihnen, Hochgebohrner Graf, dieses Sendschreiben noch auf Ihren Reisen eingehändiget werden, so begleite ich es mit herzlichen Wünschen, daß die ewige Vorsicht Ihren Schritt auf allen Wegen richten möge, und Sie gesund und reich an Erfahrungen, nach wiederhergestelletem Frieden, in unser geliebtes Vaterland (welches auch das meinige durch den Aufenthalt und durch Wohlthaten geworden ist) mit Ihrem Patriotischen Begleiter zurück bringen möge, wo auch mein Fuß zu ruhen wünscht, und ich hoffe Antheil an der Zuneigung, deren Sie mich gewürdiget, zu behalten.

PROTOME AER MVSEI HERCVL